韩派名师工程系列丛书 贰

赋形作文研究

2019韩山师范学院人文社会科学重点研究基地：韩派名师"韩派名师工程"研究基地（P19002）

苑青松 杨克顺 著

世界图书出版公司
广州·上海·西安·北京

图书在版编目（CIP）数据

赋形作文研究 / 苑青松，杨克顺著. —广州：世界图书出版广东有限公司，2019.12
　ISBN 978-7-5192-7176-3

Ⅰ. ①赋… Ⅱ. ①苑…②杨… Ⅲ. ①作文课—教学研究—中小学 Ⅳ. ① G633.342

中国版本图书馆 CIP 数据核字（2020）第 005891 号

书　　名：	赋形作文研究 FUXING ZUOWEN YANJIU
著　　者：	苑青松　杨克顺
责任编辑：	刘　旭
装帧设计：	黄毅文
责任技编：	刘上锦
出版发行：	世界图书出版广东有限公司
地　　址：	广州市海珠区新港西路大江冲 25 号　　邮　编：510300
电　　话：	（020）84459701
网　　址：	http://www.gdst.com.cn/
邮　　箱：	wpc_gdst@163.com
经　　销：	新华书店
印　　刷：	广州市迪桦彩印有限公司
开　　本：	787 mm × 1 092 mm　1/16　　印　张：13.125
字　　数：	214 千字
版　　次：	2019 年 12 月第 1 版　2019 年 12 月第 1 次印刷
国际书号：	ISBN 978-7-5192-7176-3
定　　价：	59.80 元

版权所有　翻印必究

（如有印装错误，请与出版社联系）

总　序

教育从要素上分为硬要素和软要素，硬要素主要指物的方面，软要素重在讲人的方面。但不管怎样，教师是所有教育要素中最核心的要素，这是在教育长河中经过无数经验和教训得出的宝贵共识。乌克兰的"帕夫雷什中学"就校舍来说十分普通，甚至还有些荒凉，但丝毫不影响其世界名校的名头，这主要归因于著名教育家苏霍姆林斯基曾在此担任校长。它强烈地标示着——教师水平的高低决定着他所在学校水平的高低，因此，人们对名校的追逐实质上是对优秀教师的追逐，归根到底，教育是人影响人的艺术，我们对教师的所谓正确认知，只不过是回归到对教育本质规律的遵循上罢了。

教师持续的、个性化的自我发展成为必须，"如何发展"是教师新时代下必须回答的问题。从哪里切入呢？我想，既然教育是人影响人的艺术，那么从人的特性的角度去考虑大体上应该是不会有问题的。

英国人类学家马林诺夫斯基说："人生游戏"的意思是说人生是游戏性的，或者说人生是在游戏中实现的，在所有游戏的要素中，游戏动机应该是最神秘的，同时也是最关键的东西。我们由此迁移到教师专业成长上，要实现教师在职业中充满热情、好奇、永不停歇游戏的教育想象，那么，教师成长动机的找寻是最为关键的内容，这可以转换成"我们为何成为教师"的问题。教育工作是17万多个工种之中最具建设性的工种之一，它的"材料""场所""产品"等都是人。人是最具建设性的对象，每一个人只能成为他自己，"世界上没有相同的两个人"讲的就是这个道理。这需要教育工作者全身心地投入并进行创造性的工作，教育事业的魅力和神圣正来源于此，千百年来，它吸引着无数的教育工作者投身其中，通过自身与教育的互动，去体认和享受因教育带给他者幸福进而赢获自身幸福的感觉，这也是教育工作者教育动机产生的因由所在。

"人是社会性动物"（马克思·韦伯语）。他的意思是说人必须依靠群体性而存在，群性对于我们个体到底有何意义呢？"终有一死的人"成为海德格尔对人特质定位的专有表述，这意味着人从本质上讲是悲剧性的，有生必有死，人的悲剧性正是人来源于无法逃脱终极性的死而定位的，"终有一死的人"思考的更多的恰恰是人活的问题——如何活好人生短短的几十年。那么，我们会问：人活着的最大敌人是什么呢？疾病、痛苦、贫穷、敌视、饥饿……这些都是来自肉体的，人本质上是精神体，从精神上来说，孤独是人最大的敌人，军队里关禁闭是最厉害的处罚就是明证。人们为了摆脱孤独可谓想尽了办法，人为何要结婚？从本质上讲是个体摆脱孤独的方式，广场舞队、暴走队、驴友、钓友、牌友等均是群体摆脱孤独的方式，这种群体在人类学上叫作"假性部落"（马林诺夫斯基），所谓假性部落，指的是没有血缘关系而拥有共同爱好的群体。谈到这里，应该进入"韩派名师"的正题了，正是这样一个"假性部落"从专业发展上吸引着大家走在了一起，来摆脱大家更高层次上的孤独。从实际存在来看，教师群体发展和学校系统发展已经成为当下教育发展的主流。前面所谈似乎离题万里，但为了说清楚因由来源，似乎也是必须。

《道德经》说："无名，天地之始；有名，万物之母。"名称是用来指称事物的，事物因为符号的指称才得以具体存在。在"名"和"被指称事物"之间是存在一定秩序的，"语言的边界等于世界的边界，语言使世界有了秩序"（维特根斯坦《逻辑哲学》）。因此，创设一个与活动内涵有着一定秩序的名称，是"韩派名师"存在的必须，正可谓"名不正，则言不顺；言不顺，则事不成"（《论语》）。"韩派名师"的命名有两个维度的预想：一是韩派名师的范围界定，它是韩师优秀校友和潮汕优秀教师的共同体。"命名即召唤"（海德格尔）。命名即是把事物从冥暗之中召唤出来，要把我们想象中的共同体召唤出来，不但要"个性十足"，而且更要"名副其实"，这不是一件容易的事，它曾经让才华横溢、器宇轩昂的赵松元教授都头疼不已，"韩派名师"一经提出，赵松元教授大加赞赏地说："我们想做的事，终于有了一个符合我们心向的名字了，这个命名能很好地把这一群体聚集起来，它不但真切地反映着韩山师范学院师范教育的百年传承，而且还能引领我们奔向新时代师范教育的未来。"

内涵与命名同等重要，这涉及我们的第二个预想。命名在于召唤出来，内涵在于存在下去。在与潮汕籍老师的交流中，我多次听到"受韩愈感召"的话语，韩愈"百世师"的神性存在，使这一群体中的很多人都本于乡土、奋发图强、倜强挺立，最终得以增强力量、走向卓越。这给了我命名和内涵界定的启示，韩愈使潮州江山都姓了韩，生活在韩愈之下、韩山之上的当代师者，传承韩姓师出有名理所当然，韩派名师的每一个个体都是非常优秀的老师，在多次的互动中，"卓越而优雅"是我发自心底的评价。那么，卓越教师或者教育家有哪些特质呢？在对诸多教育家的考察中大致概括出四个层面的内涵，即：在灵魂层面上，对教育有神圣感，具有敬畏、热爱、担当等情怀；在政治哲学层面上，视人如己、人人平等；在知识层面上，对相关的教育学、心理学所传授具体学科等有深刻独到的理解；在实践层面上，能产生有影响力的教育效果。前两个层面指的是精神，后两个层面指的是技术，这给了我们难得的启示，我们韩派名师能否以韩愈的教育信仰和思想观念为灵魂、以语文赋形理论为根基、以大家卓有成效的教育实践为躯体，来尝试形成一种教派，我想完全是有可能的，教派有别于门派，门派具有排他性，教派就为了使个体在互相砥砺、互相学习、互相切磋中充分而有个性地发展，并以整体的形态对外交流，为个体进入更大的教育场域提供可能。这是我们的心向所在。

当然了，要想达成我们的心向还有无数的路要走，但只要上路一切都有可能，今天我们编著的《韩派名师工程系列丛书》基本涵盖了上面提到的教育观念、基本理论、名师生活、课堂个性等方面，该丛书是认识脚下这片土地的最重要一极，它甚至被潮州籍的一位先生郑重地称为潮州八景之外的"第九景"，而且是唯一一个活生生的、能够感召未来人的"第九景"。"韩派名师"创造无限、个性十足、值得期待！这里特别需要指出的是，《韩派名师工程系列丛书》的出版，绝不是"韩派名师"的终点，而是起点。

人生酷似行路，新生儿出生时，我们总说他或她来了，老人去世时，我们总说他或她走了，人在自己的有生之年总要走出自己的路，找不到路的时候，人总是痛苦的、焦躁的、孤独的，《彷徨》不正是真实地反映出鲁迅先生当时找不到路的精神状态吗？只要去寻找，路一定会有的，因为世上本没有路，路是人走出来的。可怕的是立在地上说没有路，或者根本没有去找，就抱怨面前没有路的人，一个人的上路和下路决定着他精神生命的存亡。在我们的教育里既有上路的也有下路的，既有生者也有死者，我们是做路上创造的生者？还是做原地抱怨的死者？这可能是每一名教育工作者所要作出的生命之问！

最近读了美国作家杰克·凯鲁亚克的一本书《在路上》，书中的主人公一直处在旅途中，我想他不单单是为了旅行而旅行吧！这更应是一种精神生命的旅途，是在苦苦寻找着可以皈依的信念的旅途！在生命的天地里，每一个人都有自己的朝觐之路和皈依之门，跟大家相处，我唯一的心向就是愿每个人找到自己的朝觐之路和皈依之门，找到朝觐之路，你的身心就会获得幸福和快乐；发现皈依之门，你的生命就会提升层次和境界。让我们聚集在"韩派名师"的平台上，携起手来，一起走在赢获幸福和快乐、提升层次和境界的路上吧！

苑青松

2019年9月10日于韩师寓所

目　　录

第一讲　漫谈作文教学改革 1
　　挡在作文教学改革路上的"五重山" 2
　　中小学作文教学之怪现状 8
　　谈中小学作文教学改革面临的巨大挑战 14

第二讲　始于放胆，想怎样写就怎样写 18
　　什么是作文 19
　　我们为什么要写作文 22
　　想怎样写就怎样写 25
　　自信"我能行" 28
　　相信孩子的潜能 29
　　呵护童心，让学生作文一路走好 30

第三讲　童话入门，从童话开始步入作文的殿堂 34
　　儿童需要童话 35
　　儿童天生就是"童话家" 37
　　儿童作文应从童话入门 38

第四讲　依葫芦画瓢　模仿中学步 43
　　模仿是儿童最初的学习形式 44
　　儿童作文应从模仿起步 46
　　模仿，让学生作文有"规"可循 48
　　让学生作文在模仿中写出精彩 50

第五讲　玩中学写，让学生在游戏中快乐作文 55
　　游戏顺应儿童天性 56
　　还儿童游戏的权利 58

学生作文其实就是一种游戏 60
　　让学生在游戏中作文 61
　　游戏，让学生作文别有洞天 63

第六讲　处处留心皆文章　教会学生观察 69
　　观察是创作的源泉 70
　　观察不是简单的"看" 72
　　观察力是培养出来的 74
　　教会学生观察方法 75

第七讲　腹有诗书气自华　教会学生阅读 92
　　阅读是语文教学的一体两翼 93
　　阅读要广博 95
　　阅读要学会吸收 101
　　阅读要有目的性 105
　　阅读要读好无字的书 106
　　阅读要注意读书兴趣的培养 107

第八讲　走进生活　教会学生体验 109
　　体验是认识客观事物的重要途径 110
　　真情实感来自对生活的深入体验 112
　　体验，贵在用"心" 115
　　教会学生体验 117

第九讲　文贵求新　教会学生思维 122
　　思维是人类认识的高级阶段 123
　　思维活动贯穿作文过程的始终 125
　　写文章不能拘泥于常规思维 127
　　逆向思维，作文出奇制胜的法宝 129
　　发散思维，作文创新的秘密武器 133
　　写作过程其实就是一种抽象思维的过程 137

第十讲　用笔不灵看燕舞　教会学生想象和联想 140
　　想象，作文创新的不竭之源 141

联想，打开学生倾吐积累的闸门 ………………………………… 148
　　想象和联想伴随作文过程的始终 ………………………………… 153
　　教会学生想象和联想 ……………………………………………… 157

第十一讲　风声雨声读书声声声入耳　教会学生倾听 …………… 162
　　听是"积累"的重要途径 …………………………………………… 163
　　听是占有素材的重要渠道 ………………………………………… 165
　　听是有效的学习 …………………………………………………… 167
　　听是有益的交流 …………………………………………………… 168
　　教学生学会倾听 …………………………………………………… 169

第十二讲　"语""文"并重　以说练写 ……………………………… 174
　　说话和写文章其实是一码事 ……………………………………… 175
　　口语化的文字能写出流传千古的佳作 …………………………… 182
　　教会学生掌握口语训练的方法 …………………………………… 184

第十三讲　勤于动笔精于修改　练就妙笔生花的功夫 …………… 189
　　文章是学生自己写会的 …………………………………………… 190
　　好文章是改出来的 ………………………………………………… 195

第十四讲　拨开作文教学的迷雾 …………………………………… 198
　　"文必有章"是学生作文路上的"绊脚石" ………………………… 199

第一讲

漫谈作文教学改革

挡在作文教学改革路上的"五重山"

引言：作文教学改革为啥难？被业界和媒体誉为"快乐作文之父"的杨克顺专家说："这路上有'五重山'，一山比一山更难跨越！"

国家总督学顾问陶西平抨击中小学作文教学中的弊端时，呼吁"别让孩子从作文开始'第一次撒谎'"，并借用一外籍教授的语气质问"中国的学生为什么总是一个母亲模式？"言外之意，说明中国的中小学作文教学出了问题，有问题存在就有改革的空间。但是就我国的中小学作文教学来说，绝非是说改就能轻易改得动的。

作文教学改革有多难？比制造原子弹、建立太空空间站、建造航空母舰都难。这些科技攻关项目圆满结项，都有一个具体的计划周期。可是中小学作文要走上科学的教学和训练轨道，却是遥遥无期。这不是危言耸听，更不是贬低或轻蔑包括我在内的一代又一代为语文教育事业作出努力的语文人。作文教学难是一个自白话文运动至今，一直未解的方程。这是摆在我们一代又一代语文人面前的客观存在。作文教学改革有"五重山"阻断道路，常人难以逾越，所以解开"作文难"的命题，道路阻且长。

"第一重山"——考试

如果要问学生为什么上学读书？众口一词：为了考试。很少会有人回答是为了学生学会生活、学会生存、学会求知，为生命的成长和发展奠基。

中国是一个以考试见长的国家，应试教育在中国有 1 300 多年的悠久历史。学校是考试工厂，教室是考试的训练场，教师是考试的训练员，学生是考试专业户。人的一生从出生到读博士，到就业，再到生命终结，要经历大大小小数百次考试。教师为考试而教，学生为考试而学。学校办学的第一目的是把学生培养成能考试、会考试、考好试的高手；地方政府和教育行政部门评价学校办学质量的第一指标是考试成绩，评估教师教学质量的第一把尺子也是学生的考试成绩。国家大力倡导素质教育、新课程改革、核心素养教育等教育改革，最终没能扭转中国教育人根深蒂固的以考试论成败、以考试论英雄的旧观念。学生考得好，可以成就名师、名校，受到行政部门、社会各界的追捧，评优评先、职称晋升一路绿灯。

受"一切为了考试，为了一切考试"的陈旧教育观影响，教师把作文教学固化在以考试为中心的教育范畴。在实际的作文课堂教学中，他们生怕学生考不好，让学生大量背诵优秀作文，背诵好的文章开头、结尾，遇到类似的考试题目，教学生改头换面、移花接木，以便考取高分；或者给学生大量灌输所谓创新作文的技巧技法等。他们认为这才是提高作文教学质量的圭臬。所以市面上的作文培训机构、中小学基础教学研究室、一线语文教师都把目光紧紧地盯在如何应对考试的焦点上，从而排斥和拒绝改革。

"第二重山"——教师的教学习惯

教学习惯是指教师在长期的教学过程中逐渐形成的一种自动化行为倾向。霍吉在《习惯的力量》一书中，把"习惯"比喻为飞驰的列车，惯性使人无法停步地冲向前方。前方有可能是天堂，有可能是深谷，习惯就是你的方向盘。"习惯"是潜意识的活动，就像人体各种软件的编程，一旦启动就按既定的程序演绎。人的某种习惯一旦养成，除非凭借外在的强制力和个人强大的意志力作用，否则是难以改变的。

多数语文教师指导学生作文课，总是按照教科书、教辅用书的写作提示或指导要求，去辅导学生作文。在这个过程中，不需要自己独立设计每节课教学的施教方案，也不需要编写每学期的教学计划，更不需要制定每学年度的教学目标。教科书、教辅书上怎么写就怎么教。在学生后作文阶段，按照学校教学常规的规定每本作文有肩批、眉批、评语，能应付学校和教育行政部门检查即可。多数教师在这样日复一日、年复一年，循环往复的无数次教学行为中形成了一种自动化的行为倾向，即教学行为习惯。

教师一旦养成某种教学行为习惯，自身很少会主动作出改变的。这是各学科教育改革最大的人为心理障碍。学校推动作文教学改革，首先要冲击到教师已经养成教学习惯，要给教师带来心灵上的"阵痛"，自然会招致相当一部分教师的抵触、对立、抗拒。尤其在目前高度强调建设"和谐社会"的今天，没有哪位领导敢于冒天下之大不韪，强行推进改革，去触碰教师这些习惯化了的教学行为。"杜郎口教育"改革只是个案，中国教育只有一个"杜郎口"。

"第三重山"——教师的教育观

观念是行动的指南。当今教育普遍存在的"教师中心观""考试中心观""教育功利观"等严重影响、阻碍着作文教育的改革。

作文教学改革，必须转变观念换脑筋，用科学的、以学生发展为本的育人观洗涤教师头脑中固化了的以考试为中心的应试教育观等"沉疴"。切实把教师的教育观转变到为学生生活、生存、生命成长和培养、造就具有创新精神和创新实践能力的一代新人服务的观念上来。

观念转变并不是一朝一夕、一蹴而就的，它是一个漫长过程，需要时间的浸泡，需要用先进的理念和系统的专业知识去武装头脑，去取代旧思想、旧认识。这就涉及教师培训和教师自主学习的问题。目前，教师培训机构的师资、课程设计等跟不上时代发展的要求和教师专业成长的需求；浮躁的社会造成教师的职业倦怠，来自家庭、社会、学校的压力，又让相当一部分教师无心读书。教师参加继续教育培训只是为了换取5年360学时的继续教育证书而已。

观念不变原地转，观念一变天地宽。当今教育的现状，告诉你、我：转变观念难，作文教学改革更是难上加难！

"第四重山"——地方教育行政部门的评价机制

当今，地方教育行政部门对学校办学、教师教学质量的评价标准、内容、方法等评价机制是制约课堂教学和作文教学改革的最大桎梏。

众所周知，当今教育行政部门的评价机制远远跟不上时代发展对教育改革的要求，甚至是教育教学改革的"拦路虎""绊脚石"，是压垮教师教育改革理想的"最后一根稻草"。在教育领域，党和国家三令五申，强调以人为本、以学生发展为本，大力倡导素质教育等。上级部门说的是一套，下级部门只是跟着喊口号，不付诸行动，做的是另一套。以致今日，地方教育行政部门评估学校办学、评价教师教学的重要指标仍旧是把应试教育、常规教育等内容放在第一位。甚至认为只要学生不出事，教师不惹事，就是好学校。教育部强调取消学生成绩排名，取消各类竞赛等。上级虽有明文规定，但下级照样该怎么做就怎么做，变着花样应付上级检查，甚至抵触、排斥、打压改革。

2015年7月，我在周口师范学院参加小学语文教师"国培计划"培训，遇到一个典型案例，凸显了地方教育行政部门的评价机制对教学改革打压、排斥：

一青年语文教师给参与国培的学员作了一场《小学作文教学怎样才有效》的专题报告，时间安排是三个小时。主讲教师第一次登上这样大的场面，提前没有做好时间的规划，结果一个半小时就把准备的内容倾吐殆尽，剩余的一个半小时让学员干啥？辅导员想出了一个馊主意，让主讲教师和学员互动。其中，有一学员描述了这样一个问题："我是一名基层教师，很期望通过教学改革提升学生的写作水平，一次听了魏书生老师的报告后，就尝试着让学生自改、互改、班内交流等，让学生在修改中学会修改，学生作文的语言表述水平得到很大的提升。后来，教育行政部门例行教学工作常规检查，发现我的作文批改不合常规，就作为反面典型在全区给予通报批评，而且扣发了半年绩效工资。原因是教学态度不端正，批改学生作文投机取巧。请问老师：你在讲台上讲改革，改革与地方教育行政部门的评价机制相违背，而遭到打压怎么办？我的绩效工资找谁要？"

女学员诉说着自己改革的遭遇，眼睛里浸润着委屈的泪水，心里在流血。改革给教师带来的伤痛，谁人能知？

这虽说是个案，但是却反映出地方教学行政部门教育评价机制对教师教育改革者的无情摧残、排斥和打压。

"第五重山"——校长对教学改革的认识观

校长是一校之长，是学校最大的官。校长对教学改革的认识观决定着教师队伍的建设水平，在一定程度上影响着学生的成长和未来生命的发展。一个敢于改革、不怕第一个吃螃蟹的校长，一个以改革求发展，以科研兴校的校长，一定是各学科教学改革的推动者、支持者。山东杜郎口、河南永威、江苏洋思，这些都是例子。否则，就会成为教学改革的"绊脚石"，成为改革麻烦的制造者，甚至是改革的打压者。

很多校长目前是口头上喊改革，实际行动上阻碍改革，口头上是巨人，行动上是矮子；还有一部分校长为了求学校工作稳定，认为抓好常规、学生不出事、教师不惹事就是成绩；有一部分校长怕招惹是非，改革要触碰、冲击教师的教学习惯，会导致教师的抵触、对立情绪，认为不改没有事，一改就多事，改革就是没事找事，多一事不如少一事，明哲保身最好……

我曾亲历了这样一件事：

刚参加工作不久，看到学生作文难、难作文，苦不堪言的场景，作为一名人民教师的职业责任感驱动着我去探寻学生快乐作文之路。当时，除了心中激荡的热情之外，其他一无所有。

改革的前奏曲，离不开专家引领、教师的专业成长、同伴互助等。诸多因素中，教师自身的专业成长尤为重要。成长要学习、要读书、要交流，这就涉及学校领导的支持、认识和态度问题。我揣着一腔火热的激情，把自己的想法向校长做了具体汇报。校长很温和、也很委婉地劝说："你还年轻，对社会缺乏具体认识，想改革是件好事，我大力支持。你作为刚毕业的师范生，脑子里装满了那么多知识和学问，自己脑子里的东西还用不完呢，哪有必要再买什么专业用书和资料！再说，哪个老师不想改革自己的课堂教学？答应了你，别的老师跟着学你，都来向我提要求买资料、买专业书，咋办？咱可不能开这个影响不好的'口'！"

最后，老校长安慰我说："好好安心教书吧，别再想一些不现实的东西。作文教学研究是教研室、国家教育科研部门的事，咱们用不着去考虑、去操心。那么多老师教了一辈子书，也没有听说谁要去改革作文教学的。给你说这些，都是对你的关心，这话要是传出去，别人一定会笑话你，说你是'黄鼠狼想吃天鹅肉'，说你不知天高地厚、瞎逞能……你也该谈对象了，还是不要让别人说三道四的好。带好你的班，教好你的课，比啥都强！"

我的作文教学改革梦在校长那儿温柔地撞了一下怀，我也从这次温柔的撞怀中醒悟，或许大多数校长都是这样的心态和认识吧。直至今日，我从小学到初中，再到大学，一路走来再也没有给校长开口谈作文教学改革。因为和校长们谈这些不可能赢得支持，反而给自己带来心情不爽。可是这并没有阻断我作文教学改革的初心，为此，我自己凭借坚强的意志力一直默默坚守了近30年。

好事需要多磨。通过近30年的不懈努力，我也算在国内有点小名气，被业界和媒体冠上了"快乐作文之父"的花环。2017年3月30日，河南省教育厅下发的《关于加强基础教育与教师教育协同创新促进基础教育教学成果培育的指导意见》的通知中，明确地规定成果所属单位要确保成果所有人在项目培育、推广中的时间、人力、财力等方面的支持。值得庆幸的是我的成果是省教育厅重点培育和推广的42项成果中唯一的中小学作文教学研究成果。有了成果，有了教育厅的文件，也赢得了学校校长、地方教育行政部门领导的支持。这是在我不需要支持的情况下获得的支持。

作为目前仍是一位奋斗在教学一线的基层教师，我走在作文教学改革的路上，品尝了其中的酸辣苦甜咸，但能帮学生找出一条快乐作文的路，让我的教育生活充满了色彩和阳光。

……

作文教学改革除了遭遇以上"五重山"的重重阻碍，还要受地方教育资源和教育科研经费等方面的制约。受诸多因素的影响和阻碍，以致今日，我国新推行的部编版语文教材，在写作指导方面仍旧有诸多不规范、不科学的训练和指导，甚至出现"捡了芝麻，丢了西瓜"的现象。总之，作文教学改革还有漫长的路要走，随着一代又一代语文人的不懈努力，相信学生作文难的顽症最终会得到彻底的治愈。

我们充满信心地期待着！

中小学作文教学之怪现状

天下之大，无"怪"不有。

《说文解字》中解释："怪，异也。"即作"奇怪"的意思讲。如云南"十八怪"、东北"十大怪"等。"怪"是指"怪异"的民俗传统习俗或生活方式。这些"怪异"的民俗文化或传统生活方式，随着社会的发展，经济建设卓见成效逐步消失，甚至被人们所遗忘。

文题中的"怪现状"一词中的"怪"，作者却赋予它以荒诞、可笑之意，说的是荒诞、可笑的中小学作文教育存在的怪现状。当今的中小学作文教学也普遍存在着"十八怪"，即教师作文教学中普遍存在的病态心理、错误认识观反映在教学行为上的可笑、荒诞、不科学的教学行为表现。因为是一种普遍的教学现象存在，教师早已习惯这种心理"常态"，所以见怪不怪了！

一、孩子刚学步，就要求按照"规范"的姿势独立行走

1."文必有章"，学生作文输在起跑线上的"绊脚石"

孩子踏入小学三年级，刚接触作文，教师就要求他们按照一定的文章章法行文，捆绑限制着孩子们的手脚，束缚孩子们的头脑。让学生带着"技术"的"镣铐"痛苦地走在作文的路上。

2.盲目拔高，事与愿违

小学生作文正处于扶栏学步的阶段，教师就按照考试的评分标准，要求他们写出中心突出、思想健康、结构合理、文从字顺、选材典型，即"色、香、味"俱全的好作文，盲目拔高要求，加大了学生作文的难度，徒然增添学生作文的畏难情绪，学生视作文为畏途，而不敢动笔作文了。

大家都知道，蝴蝶是由蛹蜕变而来的，当蝴蝶还在蛹成长的阶段，我们却要求它能像蝴蝶那样翩翩起舞，这着实荒唐可笑。

二、教师"文道"昏昏，却让学生文路昭昭

1.多数教师没有成功的写作体验；

2.语文教师在作文教学方面多是"三无"牌；

3.下水文"坑教师""害学生"；

4.没有实战经验的"教练员"，照样能做合格的"指战员"。

三、没有来头的"限字作文"，冠冕堂皇地成了作文的硬性要求

1.书市的书架上摆满林林总总的小学生限字作文书籍；

2.小学生一二年级写话，就开始限制字数；

3.作文是学生自由生命的真实言说，有话则长，无话则短，却被无端地受到字数的捆绑、束缚；

4.字数的限制逼着孩子在作文里胡编乱造或削足适履；

5.整齐划一的要求，让原本能说会写的孩子成了"病恹恹"；

6.限字最初起源于考试，近年来中高考达不到字数要求照样给满分的诗歌、散文体作文，打了谁的脸？

四、原本是生存、生活和生命成长、发展需要的作文，却成了考试的"工具"

1.作文是生命主体生活、生存和成长发展的内需；

2.在教师眼里，作文就是考试的工具。教师为考试而教，学生为考试而学，家长为考试而辅导；

3.教师是考试的教练员，学生是考试的奴隶，教室是考试的训练场；

4.考试让学生作文不再是"言为心声"，而是"言违心声"。

五、学生作文丢掉自己的话去说老师的话

1.学生作文应是学生生活的真实写照和心灵的自然描绘，应该是学生自说自话、自言自语，然而他们在自己的作文里却没有话语权；

2.教师却把自己的思想、观点、见解、主张，强加给学生，让学生按照教师的意志去行文。

六、教师外强中干，看上去是课堂"霸主"，但是在课堂上却拜倒在教材的脚下，成了奴隶

1.在作文这件事上，昔日的课堂"霸主"，却没有自己的思想、观点、见解，说的大都是别人的思想、观点。教科书怎么写就怎么教。

2.迷信权威，拜倒在教科书、教参书的阴影下，让教师患上"失语症"，离开教科书走路就不知道先迈哪条腿。

七、教师习惯给"壮地施肥"，给"瘠土撒盐"

1.应该平等相待学生，因作文的好坏，教师心里却有情感的远近亲疏；

2.越是作文写得好的学生，越是受教师青睐，受表扬、鼓励成了优秀生的专利，一时写不好作文的学生体验到的更多的是挫败感；

3.一次成功的体验和鼓励可能成就一个学生的一生，一次挫败可能毁掉孩子的一生；

4.说你行你就行不行也行，说不行就不行行也不行。

八、"信息生"却被怀疑是空着脑袋进课堂

1.学生人人都是"信息生"，脑子里不乏"下锅之米"；

2.学生一时写不好、不会写，就认为是"无下锅之米"；

3.教师生怕学生不会写，自作多情，头头是道地讲作文应该这样写、那样写，误导学生丢掉自己的生活去写老师的话；

4.学生天生都具有作家的潜质，只要在教学法上打开作家创作的源泉，就能使作家的琴弦发出美妙的乐音。

九、教师课堂上面对的是学生，却"目中无人"

1.教师眼里只有"文"，没有"人"，关注的只是作文的技法；

2.作文是"人"事，是"人"的心理活动的过程；

3.重"文"不重"人"，重"法"不重"情"，重主导不重主体；
4."文"是"人"来作，"人"是第一因素；
5.教师教学中"人""文"主次颠倒，"舍本逐末"。

十、有规可循，却不按规则出牌

1.作文教学是有规可循的；
2.教师作文教学的盲从与脱规，就像蟾蜍吃天不知从何下口。

十一、舍近求远，制造写作麻烦

1.新课程标准要求：习作要给学生创造有利的表达氛围和条件；
2.作文要贴近儿童生活，让儿童易于动笔乐于表达，教师心理上明白，行为上却干着揣着明白装"糊涂"的愚蠢事；
3.教师指导作文却让学生"背靠"自己熟悉的生活，去写"高大上"的、距离学生远的、可望而不可及的、无话可说的东西。

十二、学生抗拒的明明是教师的教学呈现方式，却被误解为是拒绝作文本身

1.学生怕作文、厌恶作文，视作文为畏途，不在于作文本身；
2.同样是用"文字"说话，QQ或微信聊天却让小孩、成人痴迷，成了"低头族"；
3.学生抗拒的是教师的作文教学呈现方式；
4.只要方法得当，作文其实轻而易举。

十三、只看结果，不讲过程，一棍子打消学生作文的积极性

1.作文评价应看到不同学生，在不同起点层面、不同时期、不同过程中的进步和提高，评价应以促进学生发展为目的；
2.教师在批改学生作文时，往往只看结果，不看起点，不重过程，用同一把尺子，用成人的语言体制去评价学生作品，让更多的学生体验到的是挫败感，打消学生的自信、兴趣和积极性；

3.评价要让学生在不同起点上都得到提高，要多角度放大学生作文的亮点，建立多元化评价机制，注重形成性评价与终结性评价相结合；

4.评价应是新的征程的"加油站""启辉器"。

十四、教科书改来改去，"捡了芝麻，丢了西瓜"

1.教科书在习作教学指导方面存在诸多问题和缺陷；

2.习作教程安排缺乏科学性、梯度性；

3.新编语文教科书减少了训练次数，违背了人的能力形成规律。

十五、教师事前不作为，事后诸葛亮

1.前作文阶段，导写不作为，不是千方百计为学生作文创造有利条件和氛围；

2.后作文阶段却对学生作文指指点点，说东道西；

3.学生写后即时评价、即时指导才有效。写完作文交给老师放在教师课桌上睡大觉，等教师劳神费力地把全班的作文都修改完了，再发给学生，这事干得有点愚蠢而徒劳无功，但是这样的做法却成了教育行政部门和学校评价、考核教师工作质量的重要指标。

十六、听说读写原本是一家，教师却硬让它们"各立门户"

1.听说读写是语文大家庭四位骨肉相连的"好兄弟"；

2.各立门户，让阅读教学等各自失去存在的意义和价值；

3.加强师兄弟之间的亲密关系，发挥其整体效应。

十七、自由表达和与人交流的工具，却被贴上"政治化"的标签

1.学生作文是教会学生用自己的语言表达自己的思想，是实现与真诚交流的工具；

2.因为与时俱进，被贴上"政治化"的标签。

十八、教师不是引导学生在作文中学会作文，而是教学生在作文中怎样变魔术

1.在背诵优秀范文中学会"改头换面""移花接木"；

2.让学生背诵优秀范文是当下的一种时尚；

3.学生在背诵中学会剽窃、抄袭，轻易就能获得高分；

4."背诵"放大了虚伪，遮掩了"真实"，让学生从小在心灵上就蒙上了一层阴影，影响着成人后的人格倾向。

谈中小学作文教学改革面临的巨大挑战

让每一个学生都快乐作文几乎是所有语文老师的梦想，更是笔者终身不懈的追求。前段日子，我还在搜狐教育、知乎、简书等网络平台中推出《中小学作文教学之怪现状》《挡在中小学作文教学改革路上的"五重山"》等文章，为中小学作文教学改革鼓与呼。

我曾多次自问：中小学作文教学改革之路有多难？还有多远的路要走？什么时候才能真正实现让每一个学生都能快乐作文、快乐成长？我找不到确切的答案。

这让人不由联想到中国在一穷二白、科技落后、物质匮乏的时代，我们的科技工作者白手起家、克难攻坚、不畏险阻，自1958年立项至1964年，仅仅用了5年的时间，就成功试爆了第一颗原子弹；联想到中国在一没有技术、二又缺乏经验的情况下，仅仅用了8年时间，就成功制造了我国的第一艘航空母舰，其中很多关键技术远远领先于世界先进水平……这些高科技的难题，在智慧的中国人面前，其实就是"纸老虎"，最终会被一个个突破。然而，自白话文运动以来，中国的青少年儿童却饱受作文苦、作文难的折磨和摧残，诸多专家、学者和一代又一代语文教育人虽付出诸多努力，开出一剂又一剂所谓的"良方"，最终只能是头痛医头脚痛医脚、治标不治本，不能从根本上彻底治愈中小学生作文难的"顽疾"。以至于语文人发出"撼山易，撼作文难"的感叹！

一问：中小学生作文教学改革难乎？

答曰：难！远比制造原子弹、航空母舰、宇宙飞船难！

再问：中小学作文教学改革果真难乎？

答曰：难！难于上青天！

其因何在？这是因为中国中小学作文教学改革面临着远非教育人所能改变、所能战胜的巨大挑战！

一、教育价值观的挑战

教育价值观决定着通过什么样的教育,把受教育者培养成什么样的人的关键问题。近年来,党和国家教育行政部门先后倡导"素质教育""核心素养教育""社会主义核心价值观教育"等,明确了现代教育的价值观。然而,这与社会大众心目中所期盼的教育价值存在着截然不同和对立。

社会大众心目中期盼的教育价值只局限于一点,那就是让孩子读书、学习、考大学、当官、挣钱、光宗耀祖。这是根植于中国人骨子里的最朴素的心理诉求和对子女通过上学、读书改变命运的期盼。读书为做官的教育思想,在中国源远流长。宋真宗赵恒在《励学篇》中曾写到:

励学篇

(宋)赵 恒

富家不用买良田,书中自有千钟粟。
安居不用架高楼,书中自有黄金屋。
娶妻莫恨无良媒,书中自有颜如玉。
出门莫恨无人随,书中车马多如簇。
男儿欲遂平生志,五经勤向窗前读。

宋真宗赵恒励学、劝学,把读书人的目光聚焦在"千钟粟、黄金屋、颜如玉、车马多如簇"等吃、住、婚姻、做官方面,这一封建糜烂思想一直蔓延至今。受此思想影响,读书、做官等便成了社会大众对子女接受教育的期盼,成了社会大众对教育存在的价值追求。这在一定程度上左右着、影响着学校教育办学的价值取向。

教育具有普惠性,学校教育要办社会和人民大众满意的教育,就要满足芸芸众生对教育的期盼。否则,必然遭至社会的淘汰。学校教育要赢得生存空间,只有迎合社会大众对教育价值的诉求。

于是乎,自古私塾、学堂,乃至当今的学校教育,在作文教育这件事上,为了迎合科举取士选拔的需要,强调在语言的包装上、技术上的承转启合等方面下功夫。以致今日,全面推进教育改革的口号震天响,中小学作文教学改革却岿然不动,语文教师的作文课堂教学仍旧重复着昨天的故事。

二、应试教育的挑战

教育起源于人类生活、生存的需要，这是教育的源点。人类进入阶级社会以后，教育的唯一目的就是满足统治阶级培养所需要的统治人才。科举取士是阶级社会选拔人才的唯一途径。这一制度在中国教育史上延续1 300多年，直到清末民初才得以废止。但是科举的阴魂却依然附体于今天的"应试"。"应试"是现代学子改变人生命运的重要"关口"，也是今人千军万马争过独木桥的唯一"通道"，加之中国人素来就有读书、考试、做官的念想。时至今日，"应试"教育大有愈演愈烈之势。与古代科举作比较，甚至是有过之而无不及。以至于目前的学校成了应试的训练场，教师成了应试的教练员，学生成了应试的奴隶，作文则成了应试的工具。

由于应试有术，河北衡水高中、安徽毛坦厂中学、河南郸城一高等，反而受到社会大众和地方行政部门的追捧，而成了教育的一面旗帜。教师为应试而教，学生为应试而学，中小学课改围绕应试而着力，应试成了学校一切工作的重中之重。

国家督学、原云南省教育厅厅长罗崇敏教授在接受记者采访时曾说："进入幼儿园，看到的是很大的希望；走进中小学，看到的是希望；到了高中，看到的是失望。"应试教育摧残着青少年儿童的身心健康成长，扭曲着青少年儿童的灵魂和心态。

学生作文原本是让儿童在快乐的表达中教会孩子学会生活、学会生存、学会求知、学会创造、促进生命成长、奠基生命底蕴的教育手段，在应试教育的大气候、大环境中却被演变成考试的工具。作文教学中，教师不是着力和聚焦在人的生命成长和发展上，而是纠缠在怎样开头先声夺人，怎样立意标新立异，怎样布局巧夺天工等文章的技术技巧上，把功夫下在怎样迎合阅卷老师的心理上，等等，从不考虑学生的生命成长和感受，相对于学生来说，那些远比作文技术更重要的自我、尊严、个性、想象力、创造力等，统统被教师扼杀在应试教育的课堂上。学生在人格丧失、真情流失、自我迷失、童心童话尽失的作文中，思维被扭曲，成了"变态人"。有人曾把应试背景下的作文教育称之为有"毒"教育。即便学生将来走上社会，这种"遗毒"必将影响着他们未来的生活、生存和生命的质量，影响着他们成人后的人格倾向。

当下，走进中小学，让我们看到的依旧是应试教育的大旗迎风飘展，中小学作文课堂教学改革举步维艰。

三、教师队伍整体素质的挑战

提高质量是基础教育的生命线，教师队伍的整体素质和水平直接决定着基础教育的质量。我国的基础教育教师，是一个庞大的教师群体。就目前我国基础教育教师队伍的整体素质而言，普遍存在着专业化程度不高，职业道德意识淡漠，知识结构、教育理念、教学方法、创新意识、创新能力等相对不足，还远远不能适应21世纪时代发展和教育改革的要求。

就当下从事中小学语文教学的教师而言，绝大部分语文教师既没有系统的作文教学专业理论知识，又没有成功的写作体验，教学上也没有科学、系统的训练方案。教师以其"文道"昏昏，却想让学生文路昭昭？有人把这些没有系统专业知识，没有成功写作体验，没有科学、系统的训练方案的语文教育从业者，称之为"三无牌"教师。"三无"教师到底有多少，大凡语文教师来个自我对照，再权衡一下身边的其他语文教师，心中自然会有一个明朗的数字。庞大的"三无"群体，极有可能在学生年幼的心灵上，刻下假作文、套作文、空作文的印痕，把学生领进作文的歧途，推进"作文难"的苦海，更无从谈起让广大中小学生快乐作文、快乐成长、快乐做人。

消除"三无牌"教师之不二法门就是强化教师继续教育。然而，纵观一下县市级教师培训机构和基础教研室的教研人员，在作文教育这个行当上，又有几位称得上真正懂作文的行家里手呢？即便有，也是屈指可数的，知之甚少而又不用心钻研者却数不胜数。

作文课堂教学改革，面临的最大挑战，应该是来自语文教师群体自身的素养，它关系着作文教育改革能否顺利推进和改革的成败。只有当所有教师清醒认识到自身存在的问题，把提升素养作为一种自觉行为时，我们自然就会看到中国教育美好的未来和希望，看到中小学作文教学改革的灿烂前景。

……

期盼教师素质普遍提高，驱散应试教育的"阴魂"，让广大中小学教师沐浴在快乐作文的春风中，尽享作文教育的幸福和美丽！

第二讲

始于放胆,想怎样写就怎样写

儿童作文始于放胆，意思是在儿童作文起步时期，要倍加呵护童心，给孩子营造一种绝对安全的表达氛围，要相信孩子们的潜能，放开他们的手脚，心里想什么，笔下就写什么，想怎样写就怎样写。不要用章法、技巧等作文的法度去捆绑、限制孩子。这样，我们才能在作文里聆听到孩子们生命拔节的妙音。

什么是作文

怕作文、不会写作文，提起作文就发怵，是中小学生作文中的常见事。有同学曾编顺口溜说："作文苦不苦，看看每周四下午，教师教无术，学生写无主，愁坏了教师，苦坏了学生，乐坏了书屋。"意思是说，每周四下午的作文课上，教师不知道教什么，怎样教，教着犯愁；学生不知道怎样写，写什么，写着发怵。所以书店里花样繁多的各种优秀作文图书特别畅销，简直把店老板高兴坏了。

为什么会有这种现象呢？

人民教育出版社特约编审张中行在《作文杂谈》中分析说：在大多数学生头脑中，作文是一门功课。上课、教师出题、学生围绕题目思索、组织、分段编写、至时交作业、教师批改、评分、发还，如是而已。因为这样理解和认识，所以一提作文，心里或眼前就有两个影子晃动。影子之一，这是一种严肃艰难而关系不小的事，比如说，课堂上，如果写不好，等第或评分就下移，不体面；考场之上写不好，分数就会下降，有名落孙山的危险，甚至会换来教师的批评和家长的指责。影子之二，作文要成"文"，文有法，如就题构思、开头结尾、组织穿插等，必须牢牢记住，执笔时还要小心翼翼，以期能够不出漏洞，取得内行人的赞叹。两个影子合起来，说是等于枷锁也许过分，至少总是大礼服吧，穿上之后，就不能不正襟危坐，举手投足都要合乎法度。回想中小学时期，作文课无不是这样战战兢兢度过的。

其实,作文并非我们理解和想象的这个样。

那么,什么是作文呢?

从中小学语文学科的性质来看,作文是一种交流的工具。概括地说:作文就是调动学生的生活积累和知识经验储备,运用语言文字表情达意,实现与人真诚交流的工具。"表情"是指抒发自己对生活、对客观事物喜怒哀乐的感情。"达意"是表达自己对生活、对客观事物的认识、观点、主张或看法。其中的"真诚交流"四个字,是强调学生作文要说真话、说实话、说自己的话,实话实说。

什么是作文?

著名作家冰心说:"心里有什么,笔下写什么,只听凭此时此刻的思潮自由奔放,从脑中流到指上落到笔尖。微笑也好,深愁也罢,洒洒落落,自自然然地画在纸上。"作家冰心告诉我们:作文是学生心灵源泉的自然流淌。

什么是作文?

老一辈语文教育家叶圣陶告诉我们:"作文即生活。"生活使我们劳苦,使我们悲痛,使我们欢乐,使我们绝望,给我们希望……作文就是我们自己生活的写照。又说:写文章"无非是一点,我听到的、看到的、真懂得的、真体会的东西告诉读者和听众,并不是舞文弄墨的学问,随便说几句花言巧语欺骗读者或听众"。叶圣陶先生告诉我们:作文就是将我听到的、看到的、真懂得的、真体会的东西告诉读者和听众,是学生生活的真实记录,是应学生生活的真实写照。

……

什么是作文?我国新颁布的《新课程标准》又是怎样说呢?

《新课程标准》中关于习作的要求指出:"能不拘形式地写下自己的见闻、感受和想象,注意把自己觉得新奇有趣或印象最深、最受感动的内容写清楚。"这里的"不拘形式"四个字意思是说:想怎样写就怎样写,不要拘囿于任何传统作文的条条框框的束缚。《新课程标准》其实已经明确告诉我们:作文就是不拘形式地写下自己的见闻、感受和想象。

作文到底是什么?

基于对以上内容的理解,我们认为:作文就是我们生活的真实写照,是我们心灵的自然描绘,而不是按照一定的句法和章法结合在一起的文字符号。作文是我们的眼,把我们看到的写在纸上;作文是我们的耳,把听到的写在纸上;作文是我们的手,把做过的写在纸上;作文是我们的心,把感受到的写在纸上;作文是我们的大脑,把想到的写在纸上。一言蔽之:作文就是"以我手写我口""以我口写我心"。

第二讲 始于放胆,想怎样写就怎样写

我们为什么要写作文

人生活在世上,做任何事总有一定的目的驱动。写作文也同样如此,否则,我们不可能去写。

我们为什么要写作文,大概的原因起码有以下几点:

第一,主要是生存、生活的需要。人生在世,人与人之间需要交流、沟通,交流需要语言,单凭口语交流,有一定的局限性。因为口语交流要有一个存在的前提,那就是交流的双方必须是面对面地进行。倘若你需要交流的对象不在身边,这样就难以实现语言交流了。譬如你在离家很远的地方念书,你很想念你的父母,你要把这样信息传递给父母,咋办?这时候就可以借助文字,所以老师教你怎样写信,用文字来表达口语交流所不能办到的事情。再如你晚上要参加一个补习班,不能按时回家吃晚饭,你要给家人说清楚原因,家人恰巧不在你面前,你只能用文字写几句话告诉他们,所以老师又教你如何写便条、写留言条。又如你身体不适,不能坚持上课,需要向老师请假,请假要写请假条;假如你大学毕业了要找工作,你需要给你想去的公司写求职信、自荐书;工作以后还需要写各种各样的策划书、计划、总结、业务报告;等等。如果你写不好或者不会写,就会影响你的前途和发展。看来,人活在这个世界上,写不好作文,想提高自己的生活、生存质量,几乎是一句空话。

第二,写作文是科学文化知识传承和思想传播的需要。我们为什么读书学习?答案恐怕只有一个,那就是长大为祖国做贡献。你大学毕业,当了一所学校的校长,你的管理很出色,经验很丰富,别人需要学习、借鉴,怎样让大家学习?怎样向大家介绍你的经验?主要是靠写文章。再如你在科学的某个领域有所创新或发明,你如何把自己的科研成果记录下来传承后世呢?单凭大脑记忆,人死了咋办?看来只有用文字把它记录下来,才能一代接一代地传承下去。又如,抗日战争时期,毛泽东住在延安窑洞里,连续多日,静静地思考,最后写了一本小册子，这就是改变战争命运的《论持久战》。在这本小册子里，毛泽东提出了打持久战的主张，正是在这一主张的指导下，中国人民取得了抗日战争的伟大胜利。同学们想想看，毛泽东是怎样把自己打持久战的思想传播出去的？答案同样是靠写文章。

所以不管你从事什么工作，要想把自己的研究所得传播开来，传承后世，你就得依靠文字，必须会写文章，即便你很有才华，却不会写文章，你就不会有大发展，你的能力和影响力就变得十分有限。

第三，写作文还有一个非常实际的目的，即成名成家和谋生的需要。我们的学生中间，一定有很多追星族。为什么追星？追星的动机不仅仅表现为对"明星""名人"的崇拜，而且是期盼自己将来也能成为像他们一样的"明星"或"名人"。中国有句俗话："三百六十行，行行出状元。"木匠行当里都可以出一个历史名人鲁班，文章写得好，你也一样可以成名成家，名满天下。有很多同学小时候读过童话大王郑渊洁的童话，并且很崇拜他，也希望自己将来像他一样成为一名童话作家。那么，你就可以从现在开始，好好练习写作文，其实现作家梦离你并不遥远。

话说得再俗气一点，写作文也是一种谋生的手段。文章写得好就能赚钱，就能养家糊口，记者是靠写文章养活自己的；专业作家的一日三餐也是靠写文章挣来的钱供给的；文学大家巴金一生都是靠稿费生活。一篇文章能值多少钱？历史上曾有一字千金的价格。生活在汉武帝时代的司马相如，是非常有名的才子，文章写得非常好。相传陈皇后因为失宠很苦闷，她找到司马相如，请他代写一篇文章，如果皇帝看了这篇文章能够回心转意，就送他一千两黄金。司马相如接受了这项任务，写了一篇文章，汉武帝看了这篇文章之后，被陈皇后的真情所感动，以后就对陈皇后恩爱有加，这就是历史上有名的《长门赋》。

第四，写作文与青少年目前的最直接关系就是升学的需要。我们为什么要在学校读书学习？目的就是想考取心目中理想的重点高中，想考取北大、清华之类的名牌大学，将来当一名科学家、设计师、高级军事指挥官，等等，实现自己的人生梦想。如果作文写不好，那可不行，作文写不好，得不到高分，就会影响你升学，你很有可能名落孙山。要知道，作文在中考、高考中分别是50分、70分，几乎占据语文总分的半壁江山。中考中的政治小论文，高考及硕博士研究生考试中的英语作文都要凭借我们平时作文的功力，平时作文的基础打不牢，也直接影响你这些学科的成绩,那样重点高中、名牌大学就与你无缘了。再说,文章写得好,可以直接保送上大学。近年来,我国就出现过很多高考满分作文的考生直接被大学破格录取的事例。

另外,写作文也是青少年心理健康发展的需要。作文是你最忠实的朋友,你可以在作文里自由抒写心中的"不满",倾诉成长的"困惑",释放生活中的"快乐和哀伤"。学习中的烦恼给作文说说,和同学们之间相处的不快与作文谈谈……你喜怒哀乐的情感得到宣泄和释放,情绪得到调整,心态趋于平静,心理就健康、正常发展。否则,生活中的压抑、困惑、苦闷、烦躁等情绪得不到排遣,会使人透不过气来,久之则扭曲人的心灵。

写好你的作文吧,因为写作文能写出你的前途,写出你光辉灿烂的人生!

想怎样写就怎样写

我国新颁布的《新课程标准》关于学生习作的要求中明确指出:"能不拘形式地写下自己的见闻、感受和想象,注意把自己觉得新奇有趣或印象最深,最受感动的内容写清楚。"其中的"不拘形式"意思是说:想怎样写就怎样写,不要拘泥于作文中条条框框的束缚,只要把我们在生活中所看到的、听到的、感受到的和想象到的用语言文字清楚、明白地表达出来,这就是作文。作文原本就是这么简单。

怎样才能让学生从惧怕作文的困境中走出来,使作文真正成为学生生命的真实言说呢?笔者认为让学生放开胆子,想怎样写就怎样写,去自主作文。这才是作文起步阶段的一种"解放之道""拯救之策"。

想怎样写就怎样写,首先要求教师把作文的自主权还给学生。学生是作文的主人,写什么、怎样写是学生自己的事,让他们自己去做主。教师不要再掺和其中去干预,去替学生思考,替学生预设作文的框架,把自己的观点、意图强加给学生,越俎代庖,尽干那些费力不讨好、把馒头嚼碎吐在学生嘴里的"脏"事。要放权与学生,让学生自主去选题,写自己感兴趣的题材,拥有自己的写作空间。学生一旦拥有了写作的自主权,他们自然就会用自己的笔去主动地叙自己的事,抒自己的情,写自己的文章,言说自己的生活亲历、感悟和思考。作文就不再是老师"要我写"的被动的应付作业形式,而是"我要写""我主动写"的一种快乐的学习活动。就如格林在《教育是无用的》一书中所说:"教育者唯一要做的事情是无条件保护甚至捍卫孩子的主动性,而不是控制它。"如果只是让孩子被动地写,被动地接受教师的影响,实际上就是对孩子主动性的一种蔑视和控制,这会让他们逐渐丧失对作文的兴趣。

想怎样写就怎样写,要求教师把作文的话语权还给学生。《新课程标准》指出:"要为学生自主表达创造有利的条件和广阔的空间,减少对学生写作的约束,鼓励自由表达和有创意的表达。"这就提醒我们在今后的作文教学中，要提倡学生自主表达、自由表达，说什么，怎样说，让学生在作文里拥有自己的话语权。这样他们就会在自己的作文里任意宣泄自己喜怒哀乐的情感：对它哭，对它笑，对它诉说心事，对它畅想未来；任凭自己的思绪自由飞扬，去上九天揽月，下五洋捉鳖，去穿越时空的隧道探险，去乘一只贝壳游海底世界，去走在彩虹桥上观星海，去坐在一弯新月上荡秋千……心之所想，情之所至，言之所达，心里想什么笔下写什么，作文就是他们心灵的自由歌唱。

想怎样写就怎样写，要给学生营造一种绝对安全的表达氛围。且不管孩子在作文里说什么，写什么，说得怎样，写得怎样，都要用欣赏的眼光去发掘他们文章中的亮点，用一颗宽容的心善待"问题"作文的学生，给他们提供一种绝对安全的、自由的言说氛围，告诉他们："孩子们，拿起你们手中的笔大胆去写吧，无论如何你们都是我最爱的学生。"他们有了安全感，就会无所顾忌地在自己的作文里畅所欲言，大胆想象，作为教师的你，才能在学生作文里看到更多的、个性的、创意的表达。

想怎样写就怎样写，就是把孩子从传统作文的桎梏中解放出来。放开他们的手脚，解禁他们的思想，放飞他们的心灵，放飞他们的生命，让他们不拘一格，放胆、自主、自由作文，无开头结尾等技巧之约束，无篇幅字数之限制，无记叙抒情体裁之藩篱，无起承转合、八股运作之模式，惟意气所致，该抒则抒，当止则止，随意皆然。这样您将会看到的是"童心"在课堂上的闪烁，"童真"在习作中的绽放，你也就不愁在学生的作文里聆听不到他们生命拔节的妙音。

叶圣陶先生曾说："作文不是教师在课堂上教会的，而是学生写会的，只有写才能真正会写。"大胆放手，让学生自由去写，他们才能在实际的写作中自然习得作文的本领。想起小时候学习游泳的事来：

一个邻居家的孩子和我一起学习游泳，起初那孩子的家长生怕孩子呛水，就手把手地说教，应该这样游、那样游。孩子按照家长指点的方式游了，可还是不免要呛水。虽有家长的好心监护，但那孩子却越学越不敢游，直到现在还是个"旱鸭子"。而我却没有成人的指导，出于自己对游泳的兴趣，主动地仿照别人游泳的样子去练习，虽然多次呛水，却乐在其中。后来，不但学会了游泳，而且还能游出不同的花样来。

这与教学生写作的道理也是一样的，空谈技巧和太多的限制，只能增加学生的畏难情绪，使他们丧失对作文的信心和表达的热情，而不敢作文了。

回想我们现在的小学生、大学本科生、研究生，他们学习了那么多年的作文，仍有大多人不会写、不能写，甚至包括目前教学生写作的中小学语文教师，终其一生写不出一篇像模像样的文章的比比皆是。看到了这些，想到了这些，我们就没有任何理由再牵着学生的鼻子，让他们戴着"镣铐"，痛着去作文。打开那"镣铐"，斩断那"绳索"，让学生想怎样写就怎样写，轻装上阵，痛痛快快地行走在作文的光明大道上，这才是我们的明智之举和理智选择。

或许有人会说，想怎样写就怎样写是从根本上否定教师在作文中的主导作用。其实不然，想怎样写就怎样写强调的是作文自主权、话语权的回归，相信学生的潜能，肯定学生的主动性，并不是对弱化、否定教师在习作中的作用。教师作为学生作文的引路人，是指导者、组织者，其作用在于引发、唤醒、激活和鼓舞，即引发学生对作文的兴趣，唤醒学生沉睡的生活积累和知识经验储备，激活学生的想象和思维，鼓舞学生的习作热情，而不再是以往的包办和强摁牛头吃草。

俗话说："没有规矩不成方圆。"有些教师怀疑想怎样写就怎样写，不讲作文的技巧会把学生作文引向混乱的无序状态，那样作文就不成"体统"了。我们在这里强调想怎样写就怎样写，并不是否定必要的作文知识讲授。但是我们主张的是"巧引慧导"，主张的是教学的"无痕"，这一点我已经在"碎语闲言话作文"中的"无痕是此时无声胜有声的艺术境界"和"课文是教会学生作文的最好例子"的话题中做了详细的介绍，这里不再细说。

让学生作文不拘形式，想怎样写就怎样写，放开了学生的手脚，减少了对习作的限制，为学生自主作文提供了有利条件和广阔的空间，学生就像放出"笼子"的小鸟，用自己的歌喉自由、快乐地歌唱自己的生活，生命之鲜活，音韵之甜美。

自信"我能行"

中小学生初学习作，不会写，写不好，是常见事。不要因为他们一时跟不上队，赶不上趟，或者是达不到老师的要求，就批评责怪他们，否则，就会使学生丧失自信，产生"我不行""我天生就不是写作的那块料"等自卑心理。这样，学生永远也写不出好文章。

"自信是成功的第一秘诀"。习作教学中，我们要提升一个人的习作水平，就不妨给他积极的心理暗示，告诉他："老师相信你的能力""你的文章一定会大有进步的"……不断强化他的自信。自信是人最重要的精神支柱，是个人行为的内在动力。学生心中一旦有了"我能行""我一定行"的自信，就会积极付诸主观努力，朝向"我能行"的目标奋进。这样即使"不行"的学生，也会行起来。

当代著名童话故事大王郑渊洁曾就读于北京马甸小学。1963年他读二年级，一天语文教师赵俐让大家写命题作文"我长大了干什么"。赵老师引导学生要有远大理想，比如当科学家、医生、军人等。当时，郑渊洁是掏粪工人时传祥的粉丝，他就写了《我长大当掏粪工人》。文章水平很是一般，没有想到赵老师对他大加肯定，说他很有写作的天赋。郑渊洁回忆说，从那时起，他心中就有了强烈的自信：在这个世界上，我的写作本领是最大的。自信是成功的秘诀。这里也恳请我们的各位老师在作文教学中送给孩子一份厚重的自信吧，他们就会在自信的内力驱动下不断走向前进，走上成功。

相信孩子的潜能

有位教师和我谈起学生作文,总是唠叨满腹、唉声叹气。说什么作文是老大难,部分学生无论如何启发、诱导,他们就是不会写,完全是"厌作"。这位老师的话无形中透射出那些写不好作文的学生无疑就是不开化的"顽石",甚至认为他们是愚鲁、不可理喻的。对于这样的学生,我们的做法往往是放弃,或者干脆是一棍子打死。殊不知,孩子学习语言,尤其是对母语的学习很少障碍,并且表现出惊人的能力。

鲁迅先生曾说:"孩子们学话的时候,没有教师,没有语法教科书,没有字词,只是在不断地听取、记住、分析、比较,终于懂得了每个词的意义,到了两三岁,普通简单的话就大概能听懂,而且能够说了,也不大有错误。"其实,这段话无形中告诉我们:孩子在母语学习方面存在一定的天赋和无限的潜力。学生学习写作,也是一种语言的学习。我们不要因为部分学生一时怕写、不会写、写不好,就采取排斥、打击的态度。要相信孩子的潜能,只要我们多点关爱,少点批评和限制,任何时候都不放弃挖掘的愿望,再笨的孩子也会有出手成篇的"出头天"。就如苏联教育家苏霍姆林斯基所说:"每个孩子就其天资来说,都是诗人,只要我们在教学法上打开创作的源泉,就能使诗人的琴弦发出美妙的乐音。"

呵护童心，让学生作文一路走好

学生行走在作文的路上并不是一帆风顺的，但他们那颗稚嫩、柔弱的童心又是经不起任何的伤害、挫折的。作文教学中，我们如有半点轻意或稍有不慎，就极其可能把孩子们推向作文难、怕作文的"深渊"。

小学生初写作文，无一不是带着一颗新鲜、好奇的心理去触及它、尝试它、探究它。他们总是想象着习作能像玩游戏一样能给他们带来快乐；想象着能像在游戏一样轻松的作文中尽情地表现自我、展示自我，赢得老师肯定的评价和同学们的掌声，或许是为了一个赞许的眼神，或者是一个满意的微笑……这就是童心，童心就是这样单纯、这样天真、这样可爱。童心的这份新鲜、这份好奇、这份单纯，如果被我们意识到，就应该去小心翼翼地呵护他、珍视他，就像守护亭亭玉立的荷叶上那粒晶莹的露珠，只要我们不去触碰，就会在太阳的照射下，发出熠熠夺目的光焰。

呵护童心，就是要在习作中给学生一种快乐的体验。教学中，我们不难发现：大多数小朋友对习作的兴趣和热情不是来自作文本身，而是来自教学呈现的方式。这里我们不妨把游戏、把活动、把生活搬进课堂，让习作课"活"起来、"动"起来；使学生切实感到作文有趣，作文活动的丰富、多彩、诱人，以及卷入其中的作文生活的精彩。

呵护童心，就是要给孩子营造一种安全的表达氛围。孩子们天性爱探究、爱表现，初习作文他们个个都会怀揣着好奇的心去尝试它，并期望能在习作这个"平台"中表现自己、张扬自我。我们不要去约束他、限制他、捆绑他、伤害他，给他们一种安全的、自由的"言说"氛围，告诉他们："孩子们，拿起你们手中的笔大胆去写吧，无论如何你都是我最爱的学生。"他们有了言说的自由和用文字表现自我的空间，习作对于他们来说，就会像玩弄手机短信那样投入；就会像沉醉于网络聊天那样痴迷。

呵护童心，请你学会赏识孩子，不要吝惜你的鼓励和表扬。美国著名的人本主义心理学家马斯洛在他的《需要层次理论》中指出：大凡人都有渴望得到被别人赏识的心理需要。这种需要大人有，孩子们也有。明确了这一点，那你就不要吝惜自己的鼓励和表扬。习作中即便作文写得再孬的孩子，他们的文章也并非一无是处。你要有一双善于发现的火眼金睛，哪怕是看到一个恰如其分的用词，或者是一个优美的句子……你就让他渴望得到赏识的心理需要得到满足。别忘了，鼓励和表扬是一种最好的教育。你要经常对你的学生说："你真棒""这个题目很新鲜、很有创意，老师真希望能早点看到你的作文""看到你的进步，我很高兴"，等等。要知道教学的艺术不在于传授本领，而是在于唤醒、激励、鼓舞。就像新教育实验发起人朱永新教授所说，你要造就一人，就给他自信，就不断激励他"你行，你真行"。说你行，你就行，不行也行。原本在习作中不行的孩子，在"你行，你行"的多次激励、鼓舞的强化中也会"行"起来。

呵护童心，就是要你拿孩子当人看。学生不是被动接受知识的"容器"，而是和你一样，是一个个鲜活、灵性的人在你心里存在着，这样你就在课堂上做到了"目中有人"了，你就会放下师道尊严的架子，走下讲台，用心灵与学生亲密，像玩伴与孩子牵手，像妈妈呵护孩子的自尊。你就会以参与者、组织者、引导者的平等的身份活跃在孩子们的中间，课堂氛围因你的角色转换而变得民主、和谐。习作教学中，你就不再干涉学生、牵制学生，而是把话语权归还学生。作文课就能被你演绎成一堂堂生命与生命无间交流、心灵与心灵坦诚对话的大合唱，作文则成了师生用生命、用心灵合奏的"交响曲"。越是这样，你的学生们就会越亲近你，主动在作文里向你袒露心迹，并在内心深处真实地感到你是他们最值得信赖的朋友。古人云："亲其师信其道"，孩子们亲近你，喜欢你的作文课，还愁写不出让你满意的作文吗？

呵护童心，就是要你守住童心。说到守住"童心"，想起了一篇日记：有一位三年级的小男孩养了两只小鸭子。一只取名"小可爱"，另一只取名"小黄豆"，然而有一只鸭子不幸夭折了，他哭了三次。在他的日记中写道："我的小可爱死了，只剩下小黄豆了，我会好好地对他。我想我的小可爱在天堂一定会满意我这样做的，也会喜欢我的。"文字不多，但情真意切。有了童心，那任性而动的文字就如雏燕一般，虽然在天空中画出歪歪扭扭的几缕细线，但是每一条都是那么生机勃勃；有了童心，那残缺不全的句段才如泼墨画一般，虽然星星点点看似构不成完整的画面，但是每一笔都承载着真情和诗意，都是那么令人心动。然而，如今我们翻阅孩子的作文，却难觅童心的影子，看到的只是成人的话、空话、假话和没有灵魂的文字。记得卢梭在《爱弥儿》一书中曾说："大自然希望儿童在成人以前就像儿童的样子。"而我们的教学，目前正在催生着一个个早熟的果实，他们中的很多孩子也难以用"儿童"称谓了，只能无奈地称为"小大人"，这样的结果，会使这些果实早早地烂掉，难道那些常被媒体追捧的耶鲁男孩、哈佛女孩不就是很好的例子吗？守住儿童的童心吧！童心就是一簇灿烂的"桃花"，习作教学就是那株孕育桃花的"桃树"，如果不让童心在课堂上闪烁，在习作中绽放，那么美丽和精彩就会与习作教学擦肩而过。至于说作文的其他技巧，无非是在如花的童心上自然舒展的"桃叶"，没有桃花的灿烂，纵使枝叶繁茂，也不会在秋天结出累累的硕果。

　　呵护童心，就是要所有的孩子在习作中都能体验到生命的尊严和价值。回想我们目前的作文课堂，多数孩子因为不会写、写不好，常常遭到我们的歧视、冷落甚至是伤害，孩子们体验不到课堂的温情，而麻木写作、被动应付。目前，尤其是部分教师在教学中仍存在着以我为中心、为主角、为课堂霸主的思想，课堂上从不考虑孩子的兴趣、需要和感受，把自己的观点强加给学生，把学生大脑当作教师思想的跑马场，让学生为教师背书，替教师立言，写教师的文章，学生在习作中失去了做人应有的尊严，成了课堂的奴隶。呵护童心，让学生在课堂上，在习作中体验到生命的尊严和价值，你就要给孩子一点"形上"的关怀，放开孩子的手脚，让孩子在作文中找回做主人的感觉，体验写作的快乐和成功后的自豪。孩子们在习作找到尊严，看到自己的价值，就会主动写作，就会愿写、乐写。记得作文教学名师吴勇形象地比喻说：儿童就是一株"爬山虎"，只要有根植的地方，只要有一面墙壁，只要有阳光和水分，就会不停地向上爬。习作教学就是要为儿童创造爬的条件，搭建爬的空间，教给爬的技能，只要稍待时日，他们就能营造出一片生机勃勃的美丽风景。

　　呵护童心，就是要相信孩子的潜能。前些天，我在"杨克顺快乐作文在线"博客里发了一篇题目为《习作是一种快乐的学习》的文章，很多博友都在评论中肯定了我的观点，而有一位来自广西北海市的青年女教师则在评论中留言说："话说起来容易，做起来难，有个别学生，无论你是怎样诱导，他还是不会写，完全是'厌作'，习作是一个老大难！"这位老师无形中把"个别"学生看成是不开化的"顽石",视为无法转变的教育对象,同时也把习作看成是无人可以逾越的悬崖陡壁。学生在发展,事物也在不断地变化,我们不要用消极、停滞的眼光看问题、看学生,那样我们只能会怨天尤人,唠叨满腹,把不如意的事情一味地往别人身上推。著名教育家朱永新在《最理想的教育》一书中曾说:"请你相信孩子的潜能,任何时候都不要放弃挖掘的愿望。"小学生学习习作,正处于咿呀学语的阶段,不要因孩子一时的怕写、写不好、不会写,我们就放弃他,或干脆一棍子打死。我们应该相信孩子的潜能,相信没有写不好的孩子。其实,每个孩子就其天资来说,都是诗人,只要我们在教学法上打开创作的源泉,就能使诗人的琴弦发出美妙的乐音。(苏霍姆林斯基语)

……

呵护童心、守住童心,这样才能让学生作文一路走好,不偏离其道,不误入歧途。

第三讲

童话入门,从童话开始步入作文的殿堂

童年需要童话，童话属于童年。回想我们每一个人童年的成长历程，无一不是在树荫下聆听老爷爷绘声绘色地讲述嫦娥奔月、拇指姑娘、丑小鸭、大灰狼等脍炙人口的童话故事中渐渐长大的。

儿童需要童话

儿童都爱听童话故事，他们还在襁褓之中时就在妈妈或外婆娓娓动听的童话故事讲述中，开始了自己的童话生涯。在儿童的生活中，童话对于儿童，就如同阳光、空气和水一样不可缺少。大凡人都有精神需要，就像人的衣食住行等生理需要一样，如果得不到满足就会处于精神的缺失或饥饿状态。童话则是最能满足儿童需要，最适合儿童口味的精神食粮。有位哲人曾经说过："没有童话的童年是灰色的童年。"童话属于童年，童年需要童话。

首先，童话反映生活的形式——幻想，符合儿童的天性。幻想是童话的基本特征，也是童话用以反映生活的艺术手段。儿童天性富于幻想，儿童的世界是一个奇妙的充满幻想的世界。他们幻想自己长出翅膀，像鸟儿一样在天空自由飞翔；幻想在如钩的月亮两端挂上绳子荡秋千……正如鲁迅先生所说："儿童是可以敬佩的，他们常常想到月亮以上的境界，想到地下的情形，想到昆虫的语言，他们想飞上天空，他们想潜入蚁穴……"幻想的一致性，自然使儿童和童话"一拍即合"。

其次，童话拟人化的表现手法，顺应儿童的心理特点。拟人是童话的主要表现手法。然而在儿童的眼里，万物皆有灵性。小兔、乌龟喜欢参加体育运动会，小山羊常常以智慧勇斗大灰狼……他们给一切客观事物都染上拟人的色彩。这与童话的表现手法"不谋而合"。

再次，童话的表达语言和反映的内容贴近儿童的生活实际。儿童常拿竹竿当马骑，拿长板凳开火车……童话就是儿童的话、儿童的语言等。这一切都与童话的内容和语言"有意巧合"。

正因如此，儿童的生活充满童话，童话对儿童具有"磁石"般的引力，儿童对于童话乃至"入迷"，甚至忘我的境界。

童话也是儿童健康成长所必须的。童话对儿童的人格塑造施加着积极影响，对儿童的教育功能恐怕比任何说教都有效。童话以儿童的幻想为特征，从不同角度向儿童展示奇异美妙的生活，告诉他们真善美与假恶丑、正义与邪恶、正确与错误等，让儿童在充满魔幻色彩的童话故事中，不知不觉地感受做人、做事的道理，明晓生活的事理，从中受到人生的教育和启迪。比如《三只小猪》的故事教会孩子团结友爱、勤劳勇敢。《小红帽》的故事教会孩子遇事冷静、机警灵活。《木偶奇遇记》的故事则让孩子保持诚实的本性等。

儿童天生就是"童话家"

童话是儿童生活的主宰。他们看的是童话,说的是童话,玩的是童话……童话感召儿童。在儿童那里,小狗、小猫会唱歌;不会动的泥塑木雕会说话;甚至连看不到摸不着的空气还能与他们捉迷藏……因为儿童天性爱幻想,甚至物我不分。

瑞士著名的心理学家皮亚杰在对儿童思维的研究中发现:儿童时期还不能把精神的东西和物质世界相区别,在成人眼里看来是无生命的惰性事物,在儿童那里大部分是有生命的、有意识的。也就是说他们经常生活在物我一体、精神和现实不分的状态。

如六岁半的卡恩问:"为什么只有在湖边才有波浪?"想了一会,他自己解释说:"波浪是在湖里淘气吧"。有一位老爷爷问八岁的汤姆:"太阳为什么从东海升起,而从西山落下?"汤姆略加思索回答说:"一定是有一位力大无穷的人隐藏在西山后,太阳是他玩弄的火球,每天早晨他把太阳抛出去到东海洗把脸,晚上再把它收回到西山睡觉。"一位名叫麻利的小女孩在喝豆腐脑时说:"甜甜的豆腐脑是一碗云彩,而天上的白云是一大碗豆腐脑。"今年暑假,我执教的小作家班有一位二年级的小朋友对我说:"我脑子里的话多得像用蚂蚁一样小的字把天都写满也写不下。"还有,在一次课间休息时,一位三年级的小朋友正津津有味地吃着妈妈刚给他买的白吉馍夹肉,另一位小朋友眼巴巴地望着他手里的白吉馍夹肉想吃而不好意思张口要,就说:"让我跟你啃个月亮吧?"……这些充满童心童趣的语言中蕴含的比喻、拟人、夸张,在儿童那里不是一种修辞,而是他们说话的方式,有谁能说这不是原汁原味的"童话"作品呢!

童话通俗地说就是儿童之话,是表现童心、抒发童情、充满童真之话,是天真无邪、纯真烂漫之话,把这些话写出来就是童话。从这个意义上讲,儿童自己天生就是"童话家"。

儿童作文应从童话入门

儿童喜欢童话，尤其是低年级小学儿童。提及童话，儿童津津乐道。诸如乌鸦喝水，狼和小羊，东郭先生等很多童话儿童大都耳熟能详。儿童对于童话远远超出于任何一种娱乐性玩具的喜爱，也不像他们摆弄玩具那样，朝喜暮弃，而具有持久性和稳定性。童话故事情节曲折诱人，内容丰富多彩，想象离奇，并以饶有趣味的故事顺应儿童心理，牵动儿童心灵，让儿童徜徉在童话王国里。

说起童话，小朋友们不仅能聚精会神地听，不厌其烦地说，如饥似渴地读，而且能兴趣盎然地"编"。杨克顺老师主张的儿童作文从童话入门，就是要抓住小朋友们喜爱童话的契机，从小朋友们喜爱童话的天性出发，培养小朋友们写作的兴趣，引发小朋友们"以童手写童口，以童口写童心"，让小朋友们的习作在充满童心童趣的自由表达中，从"易于动笔，乐于表达"开始步入快乐作文的殿堂。

儿童在充满幻想的童话王国里遨游，可以怎样想就怎样写：鼻子、嘴巴、耳朵、舌头、牙齿会互相争功；铅笔、橡皮、转笔刀、米尺、三角板会谈古论今；柳姑娘会跳舞，小花猫爱捉迷藏，小鸟会变魔术……走进童话的王国，人们不得不惊叹小朋友们的童话世界竟是如此绚丽多彩。小朋友们不妨天天走进色彩缤纷的童话世界，天天写童话，天天当作家。

实践教学中，有经验的教师时常会注意结合教科书中童话的学习，有意提醒学生去感知童话的基本要素：角色，即故事中的人物有哪些；时间，即故事发生在什么时间；地点，故事发生在什么地方；事件，即发生了什么事情，经过怎样，有什么样的结果。掌握了童话的基本构成要素才能把故事写得清楚、写具体、写明白。

让学生自由编童话，还要让学生在"编"的过程中，注意保留"物"本身的特点。童话需要以拟人化的表现手法来反映生活，也就是通常要把"物"当作人来写，赋予其人的生命特征、人的灵性，但又要符合生活常理。这就要求小朋友们在"编"童话的过程中,注意保留要写之"物"本身固有的特点。如我们在小学语文课本中学过的《小鸭的问号》一课,文中写道:"'……那你为什么还要吃石子呢?'小鸡说:'我没有长牙,是把米粒整个吞下去。靠这些石子儿把米粒磨碎,帮助消化。'"课文中既把小鸡拟人化,又保留了小鸡吃石子儿帮助消化的"物"的本身特点。再如《绿野仙踪》一课,文中的稻草人说:"不论谁践踏我的脚趾,或拿针刺我的身体,那也不打紧,因为我不会觉得痛。"语句中同样凸显了"稻草人"物的特点。我们写童话,保留了"物"本身固有的特点,写出来的故事才符合常理,合理反映生活。

有人或许会认为童话是虚构的,不应属于作文的范畴,其实不然。从本质上看童话仍是作文活动,它是运用童话创作的方式指导学生写作,并且真实地反映着儿童的思维特征、情感和认知方式,让儿童在童心童趣的自由表达中,进入一个无拘无束的游戏性境界,从而在作文中感受到生命的快乐,在快乐中体验到作文的乐趣。让儿童从"乐"写开始,步入作文的殿堂。

运用童话故事法指导学生作文是一种行之有效的训练方法,熟悉常见的童话作文训练形式,多管齐下,齐头并进,引导学生在不同形式的训练中感受作文的快乐。常见的形式有:

1.听写手拉手——听童话写童话

听童话写童话,意思是说把自己亲耳听到别人讲述的童话,用自己的语言把它写下来。这种做法表面上看似是让学生做了无用功,甚至有人会认为是徒劳无益的做法,其实不然,因为从"听"到"写"是一个语言信息转化的过程。学生通过听觉器官——耳接受信息,大脑把接受的信息经过加工整合内化为自己的语言,再通过写即书面语言表达出来。其中"听"是学生积累语言、丰富情感体验的过程,"写"是儿童把接受的语言信息经过大脑的加工整合内化为自己的语言,伴随听的主观感受,加以表达的过程,完全不是简单机械地重复"听"的内容。

习作训练实践中,也曾有人把杨老师的这种做法说成是"让中小学生吃别人嚼过的馍"。杨老师认为:即便是让学生吃别人嚼过的馍,照样有丰富的营养。回顾我们每一个人幼儿时期的成长经历,无一不是在吃父母口嚼过的食物长大的。吃别人口嚼过的食物是因为孩子当时还不具备口嚼食物的能力,经过别人的口嚼,有利于帮助孩子消化食物吸收营养。别人嚼过的东西吃得多了,孩子就能长大、长胖,这就是规律。对于低年级阶段的学生学习写作来说,道理一样:起初孩子还不具备作文的能力,"听"得多了,"写"得多了,随着时间的推移,儿童不仅积累了丰富的语言,而且在"听"与"写"的快乐体验中不知不觉学会怎样写话,怎样组织语言,怎样表达自己的主观感受等有关写文章的技法。

2. 来回模仿秀——仿写童话

仿写童话就是依据我们听到的或者是从课本上学过的童话故事,模仿故事蓝本的样子"编"。就像人们学习书法,一开始要学习描红,接下来再学习临摹,到了一定阶段才能自由表达。它是我们学习写作必不可少的起始环节。同学们仿得多了,什么语言的组织、构段的方式、布局谋篇的技巧等作文的本领自然就学到手。譬如学习了《一只小雁》,我们可以模仿写《一只小鸡》《一只小鸭》的故事。学习了《骄傲的孔雀》一课,可以动脑想一想:小花猫、小白兔、大公鸡等小朋友熟悉的小动物都有各自的特长,他们在什么情况下也会有骄傲自满的情绪,骄傲时有什么表现?可能会有什么样的故事发生呢?进行大胆想象,仿照《骄傲的孔雀》一课试着编写小花猫、大公鸡等骄傲自满的故事等。

3. 延伸故事情节——续写童话

续写童话就是将一个没有写完或者还有可能将故事情节继续向下延伸的童话,沿着故事情节发展的流向,通过合理的想象,把故事续写完整。它是培养中小学生想象力和提升学生的作文能力,打开学生快乐作文之门的一种有效训练形式。这样不仅让同学们在习作中获得许多乐趣,而且有益于调动同学们"想"与"写"的积极主动性。

现行《新课程标准》小学语文教科书中,有很多课文是以童话形式出现的。有些课文看似言已尽,但意未完,留下耐人寻味的"空白",给人以遐想的余地。每当学完一篇童话故事,我们往往被故事的情节所吸引,常常余兴未尽。这样可以不失时机地依据文本故事中的结局,进行合理大胆的推断、想象,拓展故事情节,延伸故事内容,进行续写训练,让自己的情感在续写中得到升华。

例如,学完《皇帝的新装》一课后,我们可以依据文本故事结束部分的内容动脑想一想:愚蠢的皇帝在游行大典完毕后回到宫里,他会怎么办?是处死那个说真话的小男孩,还是从此悔过自新,把精力放在料理朝政上?放飞自己想象的翅膀,延伸故事情节,为故事续写一篇续篇。

4. 填补空白——补写童话

为了对同学们进行文章完整结构的训练,故意给出一些结构不完整的故事,有的缺少原因，有的缺少经过，还有的缺少结果，要求同学们根据故事内容补充完整，这就叫做补写。补写给同学们留下想象的空间和余地，同时提供了一定的内容凭借，降低了习作的难度，不失是提升我们作文能力的一种有效形式。

5. 画中有"话"——看图编童话

儿童尤其喜欢图画，常常以自己特有的思维方式去解读图画所反映的内容，赋予图画以童话般的色彩。可以说在同学们的眼里，图画就是童话，每一幅图画就是一个充满魔幻的童话，每一童话又是一幅生动鲜活的图画。借着图画，通过合理、大胆的想象编童话，进行习作训练既有利于培养同学们敏锐的观察力，也有利于培养学生丰富的想象力和创造力。

看图编童话，看图是基础，是"编"的前提。要注意在看图上下功夫，把重点放在"看"字上，怎样看呢？看图的一般方法是首先整体感知画面的主要内容，即画面上有哪些人或物，干什么等。其次观察背景，借以推断事情发生的时间、地点等。再次观察细节，如人物的表情、神态、动作、服饰等，以此揣摩人物的心理活动，体会人物的思想感情。

看图编童话，想象是核心。可以通过想象沟通画面上事物之间的联系，想到事情的前因后果，想到画面之景，听到画外之音，甚至可打破时间、空间的限制，深入到别人不敢想、想不到的领域，给人以耳目一新、真实又自然的感受。值得一提的是想象首先要有根据，即看图编童话一定要凭借"图画"的画面展开想象，这样才能让人感觉真实可信、合情合理。同时又避免胡思乱想、牵强附会的毛病。其次要抓重点。要抓住画面上的主要内容、主要人物想象，不能喧宾夺主，舍本逐末。再次，要通过想象赋予图中"人物"以切合其本身特点的思想言行，切忌超越"物"的本性。最后，要敢于大胆、自由的想象，不要被成人（家长或者是教师）限定的这样或那样的条条框框所束缚。这样我们就能写出既入情入理，又别具生面的文章来。

6. 睹物生想——根据实物编童话

根据实物编童话是一种取材广泛、简单易行的习作训练形式，玩具、文具、动物、植物、人物、场景等均可作为题材。我们在仔细观察某一实物的基础上，可以抓住实物的特点，展开想象编写童话。如看到文具盒和铅笔，可以写《文具盒和铅笔比本领》《文具盒里的对话》；看到打扫卫生用的扫帚，可以写《扫帚的自白》；等等。

同学们在充满幻想的童话王国里遨游，想象尤其丰富；鼻子、嘴巴、耳朵、舌头、牙齿会相互争功；铅笔、橡皮、转笔刀、米尺、三角板会谈古论今；柳树姑娘会跳舞，小花猫爱捉迷藏，小鸟儿会变魔术，小青蛙爱唱歌……走进童话的王国，人们不得不惊叹小朋友们的童话世界竟是如此绚丽多彩。

7. 无中生有——词语搭桥编童话

词语搭桥编童话是指把两个毫不相干的词语，通过合理的想象"搭桥"，使两者发生一定的联系，从而进行童话作文训练的一种形式。如"猴子""月亮"两个词语，我们可以通过想象把两者联系在一起，编出《猴子捞月亮》《猴子到月亮上做客》等内容各异的童话。

……

编童话是提升中小学生作文水平的有效形式，也是中小学生顺利步入作文殿堂的一条捷径。有了童话写作的功底，学生就具备了写好作文的本领，就不再为作文难而犯愁。让同学们拿起他们手中的笔，大胆地走进童话的世界，感受童话的魅力和精彩吧！

第四讲

依葫芦画瓢　模仿中学步

模仿是儿童的天性和本能,也是儿童最初的学习形式。儿童的模仿并不是简单机械地复制或重复榜样的行为,而是经过个体的认识和消化,作出有选择的反映。模仿是人们迈向创新的第一步,也是创新的基础和桥梁。

模仿是儿童最初的学习形式

日常生活中,人们在观念上常常把模仿和生搬硬套、抄袭等字眼联系在一起,赋予其消极的内涵,忽视其在儿童学习中的重要性。殊不知,模仿是儿童的天性和本能,是儿童最初的学习形式,在儿童学习中有着极其重要的作用。

儿童生活的基本技能、生活中的行为习惯等最初都是通过模仿习得的。大家都知道,儿童小时候,原本不会说话,不会唱歌,不会走步,更不会读书、写字。现在,什么都会了,这是怎么一回事呢?这是从成人那里模仿学习的结果。其实,我们每个人从呱呱坠地的那天起,就开始了模仿学习。成人的一颦一笑、一言一行、一举一动……都是儿童模仿的对象。随着年龄的增长,在生活中,儿童通过反复模仿,复制他们的行为,渐渐学会吃饭、说话、走步、穿衣等生活的基本技能。就连儿童的生活行为习惯,甚至包括他们小时候常玩的"过家家""玩打仗""警察抓小偷"等游戏,也都是对成人世界模仿的结果。因此,心理学家认为:模仿是儿童的天性和本能,是他们成长过程中非常重要的一个心理机制。没有模仿就没有他们的成长,没有模仿,他们的学习也会有缺憾。

世界著名的哲学家亚里士多德曾经说过:"人是最富于模仿的动物,人是借助模仿来学习他最初的功课的。"儿童在学校的各种学习活动,其实最初也都是在模仿中进行的。如小学阶段习字学习中教师的榜样示范;数学学习中的演示操作;英语学习中的视听;音乐课上的视唱、听唱、模唱、范唱、范奏;美术课上的临摹、范画；体育课上的动作示范等都含有模仿的性质，都要经历模仿的起始阶段。儿童也只有通过模仿，才能在学习中把教师的讲解和示范内化为自己的知识和技能，并尝试运用于自己的学习实践。

总之，模仿是儿童最初的学习形式，是儿童从事一切学习活动的基础，它为儿童学习提供了方便快捷的有效学习方式，在儿童的学习中有着重要意义。

儿童作文应从模仿起步

模仿就是我们在作文教学中常说的"仿写"。它作为一种传统的作文学习方法，在儿童的作文起步中具有十分重要的作用。就如同书法入门时的临摹一样，是必不可少的起始环节。其实，在儿童的世界里，他们的一切学习活动都是从模仿开始的。儿童学习作文当然也不例外。

小学阶段，小学生作文正处于扶栏学步、咿呀学语的时期。让他们从模仿起步，选择教科书中的精彩片段或例文作样子，可以把文章的章法直观地呈现在学生面前，直接地告诉他们如何运用语言文字来反映客观事物，表达自己的所见、所闻和内心的主观感受。这对小学生可以起到一种现身说法的效果，学生也可以从中找到"学步的拐杖"。从而把模仿中学到的技巧和得到的启示自觉地运用到习作中去。久而久之，自然就能掌握习作的方法，领悟作文的奥妙，揭开作文的神秘面纱。这样无疑是降低了习作的难度，又不失为是使学生尽快掌握写作技能的一条捷径。

其实，模仿也是古人学习写作的成功经验。我们常说的"熟读唐诗三百首，不会作诗也会吟"就是古人行之有效地运用模仿学习习作的经验总结。春秋战国时期，著名的文学家朱熹曾经说过："古人作文作诗，多是模仿前人而作之，盖学之即久，自然纯熟。"清代吴增祺也曾说："文章之体，往往古是有作，而后人则仿而为之，虽通人不以为病。"这些都说明了古人学习习作也是从模仿起步的。

但是，在现实的作文教学中，一说起或提起模仿，有些人就会认为是抄袭作文，是在生搬硬套例文，把抄袭和模仿等同起来，视之为洪水猛兽，不敢接近。其实不然，模仿是一种学习，是一种借鉴，是在学习和借鉴的基础上创新。胡适曾经这样说过："凡富于创造性的人必敏于模仿；凡不善于模仿的人决不能创造……没有一种创造不是先从模仿下手的。"茅盾先生也曾说："模仿是创新的第一步。"这些都明确地告诉我们：模仿是创新的基础，是沟通和创新的桥梁，而不是把学生的头脑作为别人的跑马场，为别人背书，写别人的文章。

值得一提的是：小学生初学作文，可能会在模仿中出现大同小异的现象，但也不足为怪，这是模仿中出现的正常现象，要以一种平常的心态去看待这一问题。我们要看到的是：这里的"小异"就是创新，就是进步，教师也应给予他们充分的肯定和鼓励，使他们体验到成功的喜悦，从而激起他们对习作的兴趣。

总之，小学生习作从模仿起步，顺应儿童的天性，符合儿童的认知规律，是对学生进行作文训练的一条有效途径。因此，我们在儿童作文教学中，应注意加强模仿训练。学生在模仿中熟悉、掌握了范文的写作技巧和方法，作文时，心中有了范例，思维中有了模式，动起笔来就不会觉得无从下手，望"题"兴叹，而会在"范例模式"的引导下，写出好作文。

模仿，让学生作文有"规"可循

作文，对小学生来说是一个崭新的课题。关于什么是作文？怎样写好作文？大多数学生心中没"谱"，他们缺乏必要的写作知识，怕写、不会写、不知道怎样写，常常因此陷入"哑巴想说口难言"的窘境。其实，这里的"谱"实际上就是作文的某些规律。作文是一门科学，是有一定规律可循的。金代著名学者王若虚在《文辨》中曾说："或问文章有体乎？曰：无。又问无体乎？曰：有。然则果如何？曰：定体则无，大体则有。"这里所谓的"大体"说的就是我们写文章的"谱"，或者称之为"模式"。小学生初习作文，对作文有一种新鲜感、好奇感。只要他们心中有了作文的"谱"，有了现成可仿的"模式"，自然就能十分高兴地用他们手中的笔去依样画葫芦，描绘他们的生活、他们的空间、他们的断想。如此，学生就不会再为作文到底怎样写而发愁。那么，我们的作文教学怎样才能让学生做到心中有"谱"呢？其不二法门就是模仿。

什么是模仿呢？所谓模仿就是照着某种现成的样子，学着做。通俗的说：就是依葫芦画瓢。李宗经在《谈中学生作文的摹写》一文中明确告诉我们："模仿就是照着样子写。"换句话来说，就是让学生把阅读教学中学到的一些写作的方法运用到自己的作文中去。可见，模仿离不开阅读，它同阅读教学有着密切的关系。我国著名语文教育家叶圣陶先生说过："课文无非就是个例子。"阅读教学就是要让学生通过对课文"例子"的阅读、分析、理解，领会文章的写作方法和作者观察、思考、选材、构思等方面的技巧，给学生写作提供一个直观可仿的"模式"。而模仿则是一个学习、借鉴的过程；是一个促进迁移的过程；是学生把阅读教学中学到的方法、技巧，通过习作训练内化为学生自身的写作技能的过程。由此我们认为：模仿是沟通作文与阅读教学之间的桥梁，是把阅读和写作相结合的一种重要手段。没有模仿，我们的阅读教学就失去自身存在的意义和价值；没有模仿，作文教学也就失去了基础，而成为纸上谈兵的空洞说教。

中国有句俗话："没有规矩不成方圆。"话外之意是说：无论做什么事心中都要有个"谱"，否则什么事也做不好。学生写作文道理也是一样的，同样心中要有作文的"谱"。这个"谱"不是来自教师在课堂上大谈特讲作文技法的空洞说教，而是形成于阅读教学中学生对课文的范例模仿。小学语文教科书中所选课文大都是文质兼美的典范之作，而且各具特色：有的表现在语言表达方面，有的表现在段落衔接方面，有的表现在文章的布局谋篇方面……学生在教师的引导下，通过对可模蓝本即教材中课文的学习，清晰再现作者观察、思考、选材、立意、构思、布局等作文的技法，在头脑中形成作文的"大体的谱"，并以此为仿写的基点，表达自己的所见、所闻、所感、所思。久而久之，学生头脑中作文的"谱"就会更加明朗。这样学生作文就不再是束手无策，而是有章可循、有法可依、有样可描、有例可仿。写一人，叙一事，描一景，状一物，就会信手拈来、挥笔自如。

我们在这里提倡模仿，不是鼓励学生生搬硬套或抄袭，更不是让学生循规蹈矩或墨守陈规，而是引领学生通过模仿，借鉴他人成功的写作技法，表达自己的内心世界；是让学生凭借模仿中习得的写文章的"谱"，叙自己的事，抒自己的情，写自己的文章。总之，模仿不是目的，而是一种手段，一种打好学生写作基本功和培养创作基本能力的手段，是让学生"借他山之石而攻玉"，是为了更好地借鉴、创新。

让学生作文在模仿中写出精彩

大量的教育研究和实践证明：在儿童的语言学习中模仿是必不可少的一个过程。无论是小时候直接模仿"妈妈"的呼唤，还是读小学时仿着英语老师的口型学习发音，模仿都是不可忽视的法宝。

在儿童学习习作中，模仿同样是一门重要的功夫。古今中外的历史上，不就有很多人凭借模仿的功夫写出流传千古的佳作或成为一代文学风范吗？唐朝著名诗人王勃的名句："海内存知己，天涯若比邻""落霞与孤鹜齐飞，秋水共长天一色"分别是模仿三国时期曹植的"丈夫志四海，万里犹比邻"和北朝诗人庾信的"落花与芝盖齐飞，杨柳共春旗一色"的诗句而得；杜牧的《阿房宫赋》中令人称道的开篇"六王毕，四海一，蜀山兀，阿房出"是模仿自陆参的《长城赋》的开头"千城绝，长城列；秦民绝，秦王灭"的诗句；宋代大文豪苏轼的不朽名篇《赤壁赋》，其精神实质与表现形式都有对魏晋时期阮籍的《达庄论》的模仿。古人如是，今人亦然。堪称一代圣人的鲁迅先生写《狂人日记》就是仿照俄国果戈里《狂人日记》的写法，在我国现代文学史上创造了一种新的体裁——日记题小说；著名剧作家曹禺借欧洲古典"三一律"创作法而写《雷雨》，在结构上又模仿莫里哀的喜剧《伪君子》；当代诗人艾青的自由体诗更是直接从惠特曼的《草叶集》吸收表现形式；当代著名作家碧野曾经坦诚的告诉世人："我的写作就是从模仿开始，如模仿郭沫若的《聂政的姐姐聂荌》，模仿郁达夫的《迷娘》。"大师们尚能如此，何况我们在作文方面正处于咿呀学语阶段的小学生呢？看来，小学生要学好作文，想使自己的作品能有大师的风范，就要好好练一把模仿的功夫。

或许有人会说，现在人们都在赶时尚，追求学生快乐作文，而模仿是枯燥的，激不起学生作文的兴趣，用于作文教学是不可取的。这话说得倒有点荒谬和浅浮，是站不住脚的。其实，模仿也是一种轻松快乐的学习。著名作家冰心曾经说过："模仿是儿童最大的喜爱。"想想我们小时候模仿成人世界常玩的"过家家""打仗"游戏；模仿老爷爷、老奶奶走路的形象和说话的语调；模仿教师在生活中或课堂上出现的不经意的、滑稽可笑的言谈举止……当时是不是觉得非常开心，非常好玩？要说到习作中的模仿，学生同样是开心的、快乐的。模仿可以把大师们观察生活的方式、写作的意图、构思立意的技巧、组织语言、安排材料、遣词造句、布局谋篇的方法等，直观地显现在学生的面前，学生在感同身受的领会中，就会激起表达的冲动，主动模仿大师们写文章的章法，说自己的话，叙自己的事，抒自己的情，一吐为快。学生用大师的技法，写自己的文章，轻易就能体验到成功的喜悦，能说这不是一件开心快乐的事吗？久而久之，学生难道就不能对作文产生兴趣吗？

更有人说起模仿，简直就是谈虎色变。他们认为模仿就是抄袭，是把学生领向作文的歧途，这是对模仿的曲解。模仿是让学生依范文的样子，描自己的生活，其实也是一种创造性劳动。中国有句俗话："天下文章一大抄，看你会抄不会抄。"小学生初学习作，语言的积累还不够丰富，习作中可能出现借用范文中作者的部分语言表达自己的心声，这不足为怪，说不上是抄袭。大师们写文章也常常有类似现象，何况我们小学生呢？中国《著作权法》不是有明文规定吗？引用、借鉴他人的作品内容不能超出原文的40%。法律尚且允许成人的作品可以有40%的引用，为什么偏偏容不下初学习作的小学生存在的部分内容的"抄袭"呢？原则上说，只要他们不是照抄照搬范文，教师就大可不必大惊小怪。况且"抄袭"的过程是一个语言内化的过程，也是一个促进语言积累的过程。我们不能因为怕学生"抄袭"就拒绝模仿，舍弃我们中华民族的这一源远流长的传统作文法宝。回想我们每一位教师撰写学术论文，不也是要"抄袭"他人作品的部分内容来印证自己的某种观点吗？

明白了这些道理，我们就不应该对模仿抱有任何偏见。应引领小学生在起步作文的模仿中，借用他人写作的成功技法，书写自己精彩的生活篇章。

就作文教学而言，模仿一般有句仿、段仿、篇仿三种形式。模仿让学生在模仿中学步，依样画葫芦，降低了作文的门槛，学生轻易就能体验到成功作文的快乐，不失为快速提升学生作文水平的有效途径。

一、夯实语言基础，练句仿

句子是构成文章段落和篇章的语言单位。从句子仿写开始进行习作训练，有利于夯实作文的语言基础。习作中我们要有意识地选择那些典型的句式或者是学习课文中的重点词语、关联词语的用法，进行句子仿写练习。把句子的功夫练到家，可大大提高同学们的语言表现力，运用到作文上无疑会让文章锦上添花。

（1）选择典型句式，仿写句子

选择典型句式为例句，仿照句子的句式、修辞、情感等，用自己的语言仿写出新的独立的句子来，这是我们学会运用语言，提升语言表达能力的重要途径。仿写句子要注意仿句和例句结构要一致，用词不能重复，二者的内容要做到"花开两朵，各表一枝"，要有创新。如：

例句：生命像火焰，火在舞蹈，那扭动、变形的舞姿是火的生命张力的表达。

仿句：生命像大海，海在呼啸，那响雷般的怒吼是大海对搏击风云的战斗生活的渴望。

（2）学习课文中"重点词语"的用法，仿写句子

如《捉迷藏》一课，第三段中的重点词语"全神贯注"。学习这篇课文时，我们可以这样思考：你从课文中哪些内容看出李四光观察石头是"全神贯注"的？通过阅读，知道李四光手里拿着放大镜在看石头，说明他观察非常仔细，连石头细小的地方都不放过；溪水溅湿了裤腿，说明他观察石头的时间已经很长了，蹲在那里么么长时间，多累啊！可是这一切他都没顾上，只是在观察石头。这样一来，我们自然理解了"全神贯注"的意思。结合我们对词语的理解，可以自己试着说一说：你在生活中观察到谁做什么事时也是全神贯注的？仿照课文中的句子具体写一写，这样我们不仅加深了对"全神贯注"一词的理解，而且也促进了具体应用中的迁移。

（3）模仿课文中关联词语的用法，仿写句子

如《"友邦惊诧"论》这篇课文中有这样一句话："即使所举的罪状是真的吧，但这些事情，是无论哪一个'友邦'也都有的，他们维护他们的'秩序'的监狱，就撕掉了他们的文明的面具。"学习了这篇文章后，我们可以自觉仿照课文中关联词语的用法"即使……但……无论……就……"的句式模仿原句写句子。

这种类型的训练以课文的原句为蓝本，同学们不会因陌生而无所适从，要写好并不难。在这样的仿写中，同学们不仅能轻易学会如何运用语言，而且能有效地提高学生的语言表现力。

二、学习明显特征片段的写法，练段仿

片段模仿又称点模仿，它是局部模仿范文的作文训练形式。即对文章的某种写作技巧、表达方式、描写方法、开头结尾、过渡照应等某个方面进行的模仿。片段的写作是向篇章过渡的关键。在语文的学习中，同学们要自觉选择那些具有明显特征的片段，例如，有些片段或是属于总起分述段，或是分述总结段，或是空间叙述，或是细节描写，或是过渡自然……通过对文章片段的阅读分析，找准和把握仿写之"点"依样去描，依例去仿，从而进行有效的模仿练习。练好段仿的功夫，就能顺利实现向"篇"的过渡，写出好的文章自然就不在话下。

如《手》这篇课文的结尾一段中，具体描写和刻画了陈秉正的手是一双灵巧的手。在构段方式上采用先总述后分述的写法，我们仔细品读课文，明白这种写法后，以此为仿点，以《××的手》为题进行片段仿写的练习。下面是一位同学仿照《手》一课在构段方式上采用先总述后分述的写法，仿写的《妈妈的手》的片段：

什么事都难不倒妈妈那双"万能"的手。就拿打毛衣来说吧，妈妈从来不买毛衣，而是用她那双"万能"的手来织毛衣，妈妈编织的毛衣穿起来既舒服，又美观大方。每当家里来了客人，她那双"万能"手就开始忙碌起来了，一会儿的功夫，一盘盘香味扑鼻的可口饭菜就上了桌。展现在客人面前的有正宗的川味，有闻名遐迩的广东菜……不但花样很多，而且味道鲜美可口，客人们都称赞妈妈那双手是"万能"手。我为妈妈那双手感到骄傲和自豪。

像这样，经典的片段仿写得多了，那些写文章的技巧就不经意地学到了手，提笔作文，自然就不会为文章的章法技巧所困了。

三、依照典范之作的样子，练篇仿

中小学语文教科书中的课文和国家教育部指定供中小学生阅读的课外读物，

所选内容大都是文质兼美的典范之作，而且各具特色。

它们有的表现在语言表达方面，有的表现在段落衔接方面，有的表现在布局谋篇方面，有的以描写为主，有的侧重叙事，等等。我们每读一篇文章或学习一篇新的课文后，可以动脑想想：作者是如何组织语言、选择材料的，又是怎样立意、构思、布局谋篇的，文章在写法上有哪些特色等，拿别人的文章做样子，动笔写一写，仿一仿，模一模，久而久之，就能掌握写文章的技巧，从而独立作文。

仿写是快速提升我们作文水平的有效途径，只要让学生照着范文的样子去描，仿得多了，自然就会掌握各种文体的写作技法，作文相对来说，就不再是不知道怎样写、不会写的无奈。

值得一提的是我们提倡习作在仿中学写，不是蓄意鼓励同学们去生搬硬套、抄袭经典例文，去"克隆""复制"优秀范文；更不是让同学们循规蹈矩，一头钻进"模式化"的套子里，而是引领学生通过模仿学习、借鉴他人的成功写作技法，表达自己的内心世界，是让同学们凭借范文中提供的"样式"，依样画葫芦，去说自己的话，叙自己的事，抒自己的情，写自己的文章，从而习得作文的本领，书写自己生活的精彩篇章。

第五讲

玩中学写,让学生在游戏中快乐作文

游戏就是玩，玩是儿童的天性，也是儿童的存在和生活方式。相对于小学儿童来说，游戏与学习并不对立，也不是对学习的回避，它是一种出于儿童自觉自愿、积极主动的探究性学习活动。儿童对游戏表现出浓厚的兴趣，在游戏中增长知识，开发智力，获得愉快的心理体验。

游戏顺应儿童天性

什么是游戏？通俗地说：游戏就是"玩"。儿童天性爱玩，拿扫帚当马骑，拿竹竿当长枪耍，拿条凳开火车……哪怕是一颗弹珠、一个钢圈、一堆沙土在儿童那里都能生成许多种玩法。这些在成人眼里看来极为单调的乏味的活动，在儿童眼里却是百玩不厌的"开心果"。

儿童需要游戏，喜欢游戏是儿童的天性，就像人要吃饭、穿衣一样。游戏以其趣味性、活动性、自主性等特点顺应儿童活泼好动、好奇、好表现、爱探究的心理，满足儿童的多种兴趣和需要，影响着儿童的发展和成长。儿童通过游戏，可以模仿学习各种社会角色，学习社会交往，培养儿童的意志力、纪律性和协作精神。儿童还能在游戏中发挥想象力、创造力和动手能力等。游戏对儿童的作用是难以用其他任何方式取代的，一位哲人说过："不会玩游戏的儿童是长不大的。"儿童一旦失去游戏就可能影响身心健康水平，甚至影响到成年后的人格倾向，因此，有人形象地把游戏比喻为儿童心灵成长的"维生素"。

日常工作中，我们常能听到"会玩，才会工作"的说法，这句话对于儿童来说应该是"会玩才会学习"。游戏是一种儿童自发的活动，是儿童自主学习的一种源泉。儿童通过游戏可以养成积极动脑的习惯，可以启发兴趣，还可以从游戏中发现问题，培养主动性。儿童学习的主动性、自觉性、发现问题、解决问题的能力最初是在游戏中形成和发展起来的。现代教育科学研究成果表明：游戏有利于调节儿童的学习态度，有利于儿童在学习活动中发挥积极主动性，使学习活动达到事半功倍的效果。相反，一味让学生"死读书""读死书"，不但剥夺了儿童游戏的权利，而且会使读书在儿童的心理造成很大的阴影，甚至会使学生形成厌学或逃避学习的心理。因此，家长和教师理应为学生提供广泛的游戏空间和环境，让小学生踏踏实实地学习，痛痛快快地游戏。

最后，让我们一起关注儿童游戏，顺应儿童喜爱游戏的天性吧！把游戏渗透儿童的生活和学习，让所有小学生学得开心，玩得愉快！

还儿童游戏的权利

喜欢游戏是儿童的天性，可相对于目前大多数在校的小学生来说，游戏似乎与他们无缘，从踏进小学门槛的那天起，他们便成了"笼中鸟"，被学校的围墙禁锢起来。他们爱玩的天性被限制，游戏的权利被剥夺，取而代之的是学习、学习、再学习。儿童在沉重的学习负担和压力下失去了最宝贵的童心童趣。

"一切为了孩子，为了孩子的一切"是学校教育者冠冕堂皇地剥夺儿童游戏权利、窒息儿童活力、抹杀儿童天性的理由。对于什么是儿童？童年应该怎样度过？在教育者眼里，作为过来人，他们似乎有足够的理由告诉小学生"吃得苦中苦，方为人上人""业精于勤，而荒于嬉"……以此作为前车之鉴，可使尚处于童年的他们少走弯路。对于教育者"一切为了孩子"的良苦用心，我们绝无心存疑惑。但教师也正是以此为托词，把自己的主观传统观念强加给孩子，其实在这背后却掩饰着太多的教育者的谋划，如为了学校间的竞争、教师间的竞争等，他们不惜把小学生埋在书山之下，淹没在题海之中，置小学生的感受而全然不顾，即使在大力倡导素质教育的今天，国家教育行政部门三令五申给孩子"减负"，"减负"减了这么多年，孩子的"负"真正意义上又是减了多少？小学生在学校教育中玩的时间、空间，真正意义上又提升多少？这些，作为教育者的教师大都心知肚明。

学校对教师的评价标准，也是导致学生玩的权利被剥夺的主要原因。目前，许多农村小学仍存在着单一把学生成绩作为对教师工作绩效评价的唯一标准。致使广大教师为了获得学校领导的认可或拿奖金、评先进，不惜以牺牲学生的天性为竞争筹码，给小学生"编圈子""压担子"，学生在"学而优则仕"的圈套里，背负着教师的期望和学习的沉重负担，痛苦挣扎，游戏离他们越来越远。

"教师是塑造人类灵魂的工程师"是教育者借以抹杀儿童天性最正当、最理直气壮的借口。教师作为成人、过来人，自以为是真理的化身，他们往往赋予儿童的天性以贪玩、无节制、自觉性差、缺少自律等消极的内涵，儿童世界一向被成人作为改造的对象。于是在学校教育中给孩子制定一百条的限制，这不准，那也不准。在他们的观念中"勤有功，嬉无益"，这一切都是为了对学生负责，他们视儿童就像一块面团，可以任凭他们的主观教育理念打造或模塑。也正是在他们用心打造塑模的过程中，独立意义上的儿童世界消失了，儿童的心灵被扭曲了。有这样一个事例：

据说几年前，一位美国女学者在国内一所公园里看到一棵大树，树干东歪西扭，煞是好看。她便向公园里的园艺师打听其中的缘由。园艺师自豪地说：这棵树是我们一代又一代园艺师精心培育而成的，上一代园艺师按照他的审美情趣加以修整扭动，下一代接着再扭，一代接一代，终于成了美好的"风景"。正当这位园艺师为自己的技艺自豪之际，女学者不禁哭泣："你们这样拧来扭去，这树该有多痛苦啊！"

这简直就是对自然天性的戕害！但教师作为塑造人类灵魂的工程师，在塑造儿童灵魂的过程中又何曾不是如此，其中儿童的痛苦又有谁知？

著名作家严文井曾说过：所有小动物都没有学校，也没有专门的教师，它们的本领是怎样学来的呢？从玩中学来的，玩中有很多技能，技能关系生存。如猴子爱跳着玩，从很高的一棵树跳到另一棵树，跳过去就是生，跳不过去就是死亡。你说这"玩"重要不重要？这"玩"是不是一种不可或缺的学习方式？

由此可见，游戏对动物的生存和发展来说是一种不可或缺的学习，相对于儿童的身心发展来说，同样是一种必不可少的学习活动和对儿童进行全面发展教育的一种重要手段。

儿童的世界有其独特的规律性，遵循其规律教育就能成功。游戏是儿童的天性，顺应其天性，儿童才会有健康的人格、解决问题的智慧、良好的人际关系、愉快的情绪体验……著名的作家老舍在"教子章程"中指出："应该让孩子多玩，多游戏，不失儿童的天真烂漫。"他深得顺其自然、因势利导之妙，认为孩子毕竟是孩子，应该从他们的实际出发，给他们营造一个小天地，不必规定过多的条条框框。学校教育应该是一种崇尚自然的教育，理应少一些教育的人为性、为我性和功利性，多听听孩子的声音。教师要善于利用游戏调节儿童的学习，充实他们的生活，发展他们的志趣，陶冶他们的情操，促进他们身心和谐发展。让游戏渗透儿童的生活和学习，放飞"笼中鸟"，给小学生以自由，还他们应有的游戏权利。

学生作文其实就是一种游戏

《小学语文新课程标准》对小学生习作要求中明确指出："让学生乐于表达，能不拘形式地写下自己的见闻、感受和想象……"这里所说的"乐于表达"就是让学生"乐写""愿写""写并快乐着"。其中的"不拘形式"，意思是不要拘泥于传统作文条条框框的约束和限制，让学生自由表达。由此，我们不难看出，小学生作文的着眼点并不是在于文章怎样写，是在于学生作文的态度，在于让小学生作文就像玩游戏一样，在"乐写"中体验作文的乐趣。从这个角度上讲，我们如果撇开文章学，换一个角度来看，其实作文也就是一种游戏。

作文是人们用来表情达意的工具。小学生在习作中，可以通过作文自由宣泄胸中喜怒哀乐的情感。在作文里，他们可以上九天揽月，下五洋捉鳖；可以思接千载，心游万仞；可以对它哭，对它笑，对它诉说心事，对它畅想未来；还可以有话则长，无话则短，想怎样写就怎样写……这一切对小学生来说无疑与在玩"老鹰捉小鸡""警察抓小偷""捉迷藏""过家家""打仗"等游戏一样轻松快乐。从这种意义上讲，作文不就是一种游戏吗？

视小学生作文如游戏，就是让小学生用游戏的精神"玩"作文，使小学生在没有压力、没有负担的愉快状态下敞开胸怀、畅所欲言、以我手写我心。这样才能走出小学生作文的怪圈，才能彻底放松小学生作文的手脚，才能有小学生真正意义上的快乐作文。

让学生在游戏中作文

多年的小学作文教学中，我曾一度提倡作文与游戏相结合，让小学生和作文一起游戏的观点。不知情者则认为是咄咄怪事，在他们的认识中作文是舞文弄墨的学问，游戏只是儿童玩耍娱乐的方式，两者结合实属无稽之谈，甚至有人说我这样做简直就是滑天下之大稽，是在拿学生和教学开玩笑。殊不知作文和游戏并不对立。

游戏是儿童对现实生活的反映，儿童生活经验越丰富，游戏内容则越充实、新颖。而生活又是学生作文的"源"，学生感受生活的体验越丰富，作文的泉源则越丰盈。从这里我们不难看出：两者的内容都是来自生活，又反映生活。难道"生活"不就是作文与游戏结合的"点"吗？因此，教师在作文教学中，要善于以生活为"纽带"，把作文与游戏巧妙结合起来，让小学生与作文一起游戏，在游戏中作文。这样不仅能为小学生掘开作文的源头活水，而且有利于培养小学生的习作兴趣，从而为小学生轻松快乐作文打开一条绿色通道。

游戏是儿童的天性，让游戏渗透于小学生作文训练之中，或者说让小学生在游戏中作文，和作文一起游戏，玩中学写，写中再现游戏的乐趣，学生不仅有话可说、有情可抒、有感可发，而且还能在作文中分享游戏的快乐，并在游戏的快乐体验中习得作文的技巧，领悟作文的奥妙。写作相对于小学生来说不再是像挤牙膏一样，挤一点出一点的折磨儿童心灵的苦差使，作文也不再是教师蓄意让学生编造上岗推车子、低头捡票子、公交车上让位子等谎言的园地。

教师运用游戏法引领学生玩作文，要突出习作训练的目的，要善于用游戏点燃学生的写作欲望和热情，激发学生的写作兴趣，不能为游戏而游戏，否则就会出现喧宾夺主、本末倒置的现象；更不能在游戏中刻意指导学生习作，甚至给学生提出一百条注意事项，否则，学生会被各条注意事项的条条框框束缚住手脚，这就如同让学生戴着镣铐去跳舞，试想这样做小学生能快乐吗？我们运用游戏法对小学生进行习作训练，其宗旨就是要让小学生玩得开心、写得愉快。在教学中，我们关注的不只是通过游戏形式丰富学生的生活和情感体验，让学生在作文中有话要说、有情要抒；更重要的是通过游戏形式培养学生的游戏精神，把游戏精神贯穿于小学生作文过程的始终，这样才能让学生真正意义上体验到快乐作文。

　　让学生在游戏中作文，和作文一起游戏是我近年来对作文教学改革的一种新的尝试，目前虽没有成熟的模式可沿袭，但这种做法体现了《新课程标准》关于习作的要求，也不失为是一种对学生进行快乐作文训练的有效形式。另外，在游戏中作文，符合儿童的心理特点，突出了以人为本的教育原则，也是对小学生进行全面发展教育的一种重要手段。最后，让我们一起携手用游戏点燃学生写作的欲望，让数以万计的小学生在游戏中快乐作文吧！

游戏，让学生作文别有洞天

游戏法运用于作文课堂教学，为小学生作文掘开了"源头活水"，找到了"下锅之米"。五花八门的游戏，使学生在快乐地甚至"发疯"地"玩"的体验中，燃起了写作的激情和欲望，较好地实现了《义务教育语文课程标准》中关于"写作教学应贴近学生实际，让学生易于动笔，乐于表达……"的要求，使曾经一度让家长、教师、学生都犯愁的作文，通过几个小小的游戏，立刻就别有洞天，收到出人意料的效果。从哲学的观点上来看，任何事物的发展都有其规律性，顺其者则昌，逆之者则亡。把游戏法应用于课堂作文教学迎合了儿童的心理特点，不失为是提高作文能力，让小学生快乐作文的有效途径。为了让游戏更好地服务于小学生作文教学，以下略举几例，或许能对广大小学语文教师课堂作文教学有所补益。我坚信，在教学中只要教师善于动脑，一定会带领学生在五彩缤纷的游戏世界里尽情玩耍，快乐作文。

一、玩游戏，写游戏作文

玩游戏，写游戏作文是指选择一个有趣的游戏，让学生参与到游戏活动中去，游戏结束后，要求学生按顺序把游戏的名称、玩法、过程、结果等用简洁的文字叙述清楚。通过玩游戏，写游戏的形式对小学生进行作文训练，在活动中，学生往往热衷于玩游戏，甚至在游戏中"嬉戏""疯狂"，但一提笔要写，常常力不从心，不知从何下笔。对此，教师在游戏中，要给予相应提示和必要的指导，以利于学生能按照一定的顺序安排材料，抓住活动中人物的动作表情变化，确定内容进行具体描写。

学生在学习生活中经常和伙伴之间，玩这样和那样的游戏，诸如老鹰抓小鸡、捉迷藏、玩打仗等。在游戏中同学们亲身参与、目有亲见、耳有亲闻、身有亲感、心有所想、脑有所思，提笔把游戏中的所见所闻、所感所思写出来，这就是作文。

下面我们不妨来看一篇例文：

画 鼻 子

熠 熠

今天下午一上课，我们的作文课老师就向大家宣布：这次的作文题目是《画鼻子》，要想写好文章，我们得先做一个画鼻子的游戏，希望大家认真观察，把观察的结果记下来，这就是作文。

一听说要做游戏，我们大家都非常高兴，课堂顿时活跃起来。游戏一开始，老师便在黑板上迅速地画了一个小男孩，只见这个小男孩圆圆的头，头上长着三根头发，弯弯的眼睛，像癞蛤蟆的嘴，一副愁眉苦脸的样子，但就是没有鼻子。老师问："谁来给这个小男孩添上鼻子？请举手。"话音刚落，只见大家"刷"的一声都把手高高地举起，有的小朋友生怕老师看不见，急得都站了起来，嘴里忍不住地喊着："老师叫我画！老师叫我画！"

老师用慈祥的眼光看着大家一双双小手，最后叫了一个长得瘦瘦的男同学来到讲台上，并用一个绿色的毛巾蒙住他的眼睛，下面的同学便大声地喊着口号："小熊，小熊，转一圈，转两圈，转三圈……"在不停地喊声中，那个小男孩转了几圈便用粉笔在黑板上画了起来，只见他手忙脚乱地把鼻子画在了嘴巴下面，惹得同学们哄堂大笑，他自己看后也忍不住地笑起来，老师风趣地对它说："你的鼻子是否长在嘴下面呀？"老师又叫了几个同学来画，结果画得更是丑态百出，一个比一个"逗"，有的把鼻子画到头发上，有的画在耳朵上，有的画在眼睛旁，还有的把鼻子画在离脸十万八千里的地方，总之没有一个画到正确的地方。看到这些好玩的作品，我们笑得眼泪都快流出来了。

画鼻子的游戏可真有趣，这节课既学习了作文又做了游戏，如果老师都这样上课该多好呀！

作文老师说："……要想写好文章，我们先得做一个画鼻子游戏，希望大家认真观察，把观察的结果记下来，这就是作文。"这话说得是否有些偏颇？还是看看学生怎样说："画鼻子游戏可真有趣，这节课既学习了作文又做了游戏，如果老师都是这样上课该多好呀！"面对这纯真童心的真情表白和期盼，作为人师，我们能无动于衷吗？

我是数字"3"

冉冉桃花雪

我是大名鼎鼎的数字家族的一员,在排行中,我是老三。我的左边是天鹅一样优雅的数字"2",我的右边是帆船一样的数字"4",那么你知道我是谁了吗?对了!我就是数字"3"。你可别小看我,今天,我可是六(1)班闻老师课堂上的主角哩!今天,闻老师要带领她的同学们玩"数字陷阱"的游戏,所以特邀我做客她的课堂。游戏规则是这样的:大家按顺序报数,说到我的名字或者是我的倍数时,不能说数字,只能以拍掌带过;否则,嘿嘿,那就得被请进'陷阱'啰!

上课铃刚刚敲响,教室里的气氛就异常活跃,几乎每一个同学脸上都挂着甜甜的微笑,我的心里也塞满了喜悦。

嘘!游戏就要开始了,让我们屏息以待。

"5,4,3,2,1——",老师故意拉长了声音,提高了嗓门儿,别说同学们心里"扑腾、扑腾"的,就连我也替同学们捏了一把汗。老师机敏地把手中的话筒往一位同学面前一伸,那位同学颤了一下,忙说:"1——,2,3,4,5",前面的同学进行得都很顺利,但是到"6"的时候就卡住了。只见那个小女孩支支吾吾的:"6……6……7……7……""哇!"班里顿时炸开了锅。只见她捂着嘴,慢慢地走上讲台,她脸上挂着尴尬的笑容,目光躲闪不定,这时,即使大家都不说,也心照不宣:她心里一定很不好意思!"唉",我摇着头,两手一摊:这个同学,今天太倒霉了!这时呢,我对这个游戏的规则也大概了解了。她缓缓走向"陷阱",表情很无奈。"5——4——3——2——1——!"同学们加入一起喊,这更增加了教室的气氛。第二个掉进陷阱里的人到底是谁呢?我们都在拭目以待。我看着看着,就再也坐不住了,叫着蹦跳起来。其实现在我好想加入这个游戏,可我只有看着羡慕的份。好了,不说了,咱们再把目光转向游戏。瞧!又有人落入"陷阱"了!原来是一个虎头虎脑的小男孩,他使劲儿拉着自己的衣服,看样子很紧张。有了他们俩的开头,"陷阱"迅速扩建。来自"五湖四海"的同学纷纷聚集在这里,尤其是看到朱心露和王雨晴在"陷阱"里拥抱在一起,有点"难友重逢"的感觉。

游戏就在一片欢笑声中落幕了。

临走时,我又看了一眼同学们,感到一点留恋。

再见了!同学们,希望我们以后能有机会再在闻老师的课堂上再见。

(指导教师 闻雪)

小作者打破了体裁的限制和束缚，用"童话"的形式记录了"数字陷阱"游戏的快乐体验过程，既有"面"的叙述，又有"点"的描写，读后使人有如身临其境，又有耳目一新之感。

二、借着游戏形式写作文

借着游戏形式写作文意思是指通过教师精心设计的反映童心童趣的游戏形式，引导学生积极主动地用自己的眼睛去观察，用自己的耳朵听声音，用自己的心灵想问题，以童手写童心，释放童真的一种快乐作文形式。

如利用"一字开花"这种文字游戏，任选一字，如"老"字，"老"字开花分别为老师、老人、老鼠、老妈、老马……让学生从中任意选出"老师和老人""老人和老鼠""老师和老马"……自由配对，展开想象写童话作文。读一读下文，我们自然就会领略到游戏形式在作文中的妙用。

老师和老鼠

李　章

有一天，一只老鼠来到老师的身边恭恭敬敬地鞠了一躬，对她说："老师，我到这里来认亲戚啦！"那位老师很纳闷，心想："不好，黄鼠狼给鸡拜年——没安好心。"她便说道："老鼠，这儿没有你的亲戚啊。"

老鼠说："老师，您就是我的亲戚啊，您的称呼里有个老字，我也有。再说我们老鼠们是偷粮食，而你们老师是偷书本上的知识，咱们不是亲戚是什么？"老师哈哈大笑，说："你们老鼠可是缺少见识，我们老师看书是为了获取知识而不是偷，而且我们老师要把知识传授给我们的学生，不像你，把偷来的粮食独吞。我们怎能是亲戚呢？"

老鼠听了，惭愧地低下了头。正想走，一群学生把它给包围住了。老鼠惊魂未定地对学生们说："好学生，求求你们啦，放过我这条小生命吧。"学生答道："老师刚刚说过老鼠是'四害'，所以我们要把你消灭掉。"老鼠听了，吓得一溜烟跑了。

作者通过想象，把老师和老鼠两种毫不相干的事物牵扯在一起，赋予其一定的联系即"亲戚"关系。看似有点荒唐或牵强附会，实则给人以入情入理之感。

再如，小学语文新课程标准教科书中为小学生安排了一定量的写景物的文章，教师在讲授完一组写景的文章后，可因势利导，设计"寻找春天""我与春天捉迷藏""给春天的景物排队"等一些相关的游戏活动，巧妙地把阅读和写作紧密结合在一起，促进写景知识和写作在相同的情景中迅速迁移。例文《我与春天捉迷藏》就是一个很好的例子。

我与春天捉迷藏

孙唯童

"春天来了，春天来了，她在哪里谁知道？"我唱着歌到公园里找春天。哈，春天就像一个顽皮的小姑娘，和我玩起了捉迷藏。

公园里的雪都融化了，汇成了一支轻快欢乐的小溪。小溪顺着山势，向下冲来。哗啦啦，哗啦啦，溪水打起拍子来，呵呵，找到了，春姑娘藏在这里呀，这美妙的音符不正是她给大家唱的春之歌吗？

小溪向下冲时，滋润了小草，小草也钻了出来。她摇摆起可爱的小脑袋，草地也渐渐地变绿了，成了一片绿色的海洋。风吹来了，"海水"翻滚起来了，绿"浪"一次又一次地卷起来。找到了，春姑娘原来藏在这里啊，这不正是她的游乐场吗？

小草把柳树爷爷给闹醒了，柳树舒展着身子，抽出自己辛辛苦苦整理了一冬的柳叶。没有想到，它也受到感染，跳起舞来。突然一阵风吹过，柳枝随风飘动，像在飞，又似乎在跳，还好像在与我们招手。春天原来在这里呀，那绿色的柳枝柳叶不正给我们传递着春天的信息吗？

和春姑娘捉迷藏真是太有意思了，细心的我让春姑娘躲也没处躲，藏也没处藏，于是她干脆显出身来，给我们一个美丽的世界。

小伙伴们之间玩起"捉迷藏"游戏，常常是十分开心的。孙唯童小朋友和顽皮的春姑娘"捉迷藏"，同样很有意思：细心的"我"在游戏中，用自己的眼睛去观察，用自己的耳朵听声音，让春姑娘躲也没处躲，藏也没处藏，于是她干脆显出身来，给我们一个美丽的世界。

又如，教师也可以设计一些角色游戏，如警察抓小偷、爱心白衣天使等，让学生在游戏中扮演不同的角色，引导学生留心观察、用心体验，在游戏中学会描写、抒情，学会写人、叙事。

总之，借助游戏形式对小学生进行作文训练，有利于小学生易于动笔、乐于表达，让学生在不知不觉的状态中自然习得作文的技法。这样学生还有什么理由不喜欢作文呢？

第六讲

处处留心皆文章　教会学生观察

观察是人们认识客观世界的第一扇窗口,是学生获取和积累作文材料的主要途径。只要给学生一双善于发现的眼睛,生活处处皆文章。

观察是创作的源泉

观察是人类认识世界的开端,是人们学会生活、掌握技能的重要手段。人们通过观察知道什么圆月、绿叶;婴幼儿通过观察模仿成人的活动,学会吃饭、穿衣,篮球运动员通过观察篮球教练员的动作示范,掌握掷球、投篮技巧技能等。

观察是创造活动的源泉。世界上的许多创造发明大都来自对"生活原型"的观察。瓦特观察到沸腾的水把锅盖掀开,发明了蒸汽机;英国工程师布鲁纳尔观察到船上的蠕虫在木头里自己开辟道路的行动,于是提出了建造水下隧道的技术设想;魏格纳在住院期间,无意中发现世界地图上南美洲向大西洋凸出的部分与非洲东海岸凹陷的部分外形十分相似,欧洲和非洲西海岸与美洲东海岸的轮廓能够吻合成一个整体,由此联想到:这几块大陆原来可能是连在一起的,于是大胆提出了轰动世界的著名学说——大陆漂移说……

观察与写作也有着密切的关系,对写作具有重要作用。观察是人们摄取客观事物的第一扇窗口,观察可以获取和积累第一手材料,是人们获得写作材料的主要途径。鲁迅先生在《致董永舒》的信中说:"此后如要创作,第一须观察。"著名作家巴金说:"五十年来,我在小说里写人,我总是按照我的观察,我的理解,按照我所熟悉的人,按照我亲眼看到的人来写。"法国大作家莫泊桑小时候,母亲经常带他去海边,看海鸥飞翔,看日出日落,看自然景色的变化,并教育他说:"几时你要写一样东西,一定要把这样东西观察得十分清楚,然后再下笔。"凭着大量的观察资料,他终于写出了《羊脂球》《漂亮的朋友》等不朽文学名著。

北宋著名画家文与可，以画竹子闻名。他所画的竹子棵棵苍劲挺拔、栩栩如生。为了画好竹子，他在院子里种了一片竹林，每天认真观察竹子枝叶的状态和生长情况，掌握竹子在不同季节和不同天气中所表现的形态变化。经过长期的观察，文与可对竹子的特性和各种形态都已了如指掌。他在作画前，对如何构图、落墨都能做到胸中有数，作起画来，自然就挥洒自如了。这与我们写文章的道理是一样的，长期认真观察，也能做到"胸有成竹"。

俗话说："巧妇难为无米之炊。"离开了日常生活的观察，就缺乏对客观事物的认识和了解。没有去过西湖，就不知道西湖之秀美；没有见到过大海，就不知道海之壮阔；没有登上高山，就不知山之陡峻……当然，写文章就没东西写。生活中没有观察，我们的双眼就趋于盲目，就像一个色盲患者，辨不清世界的颜色。因此，我们中小学生要学会观察，时时刻刻做生活的有心人，为我们写文章储备丰富的素材。

观察不是简单的"看"

"观"是看,"察"是仔细看。《现代汉语词典》把"观察"解释为"仔细察看(事物或现象)"。但人们对客观事物或现象的观察是一种心理现象,仅从文字上去理解是不全面的,因此,要对"观察"的概念作科学的诠释,必须从心理学角度去理解。心理学家章志光教授把观察的概念定义为观察是有目的、有计划、需要一定意志努力的比较持久的知觉。

人们对客观事物和社会的知觉(观察)是一个复杂的心理过程,它是在感觉的基础上形成的,是多种感觉分析器参与的联合活动的结果,因此,对客观事物的观察不但是用人们的视觉"眼"去看,而且还要动用听觉、味觉、嗅觉、皮肤觉、动觉平衡觉、内脏感觉的参与,共同完成对客观事物的知觉过程。只有多种感觉的共同参与、协同活动,人们对客观事物的属性才有整体的、全面的认识。例如,人们对苹果的认识,只有亲眼看看(视觉),我们才能知道它是圆的、红色的;亲口尝尝(味觉),才知道它的味道是甜的;亲自闻闻(嗅觉),才知道它有果香;用手触摸,才知道果皮是光滑的。

观察总是离不开人的积极思维活动的参与。心理学家通常把它称为"思维的知觉"。人们对苹果的观察,通过思维活动的分析、综合等,进而概括出苹果的本质特征,即苹果是一种可供人们食用的水果。完成对"苹果"一般属性和本质属性的认识。观察过程中,思维活动的参与,我们的头脑中才能储蓄最能揭示客观事物奥秘的各种信息。恩格斯在《自然辩证法》一书中指出:鹰比人看得远,但人的眼睛能识别的东西却远胜于鹰;狗比人更具有敏锐的嗅觉,但它不能辨别在人看来是各种东西的特定标志的气味的百分之一。这就说明了人们在观察时,不仅使用了视觉、嗅觉等感觉器官,而且还积极开动了大脑。英国画家佐治·伯里曼在《画手百图》中明确指出:"没有思想支配的眼睛,眼睛是盲目的。"这些论述都说明了思维在观察中的重要作用,观察不能离开人的思维而单独存在。

综合以上分析，我们不难看出，用"多看看""留心"，或仔细地察看客观事物等来解释人的心理现象——观察的概念是不全面的。所以要求我们今后对自然、社会、生活的观察，要动用多种感官和思维活动的积极参与，协同完成对所观察对象的认知过程。这样才能在观察中抓住客观事物的本质特征，认清客观事物的本来面目。

观察力是培养出来的

观察力是人们在观察活动中顺利完成观察任务所必备的心理特征。如视觉方面的色彩鉴别能力、听觉方面的声音辨别能力等。

观察力最可贵的品质是从平常的现象中发现不平常的东西。从表面看似无关的现象中发现相似点或因果关系。如魏格纳通过对世界地图的观察，提出大陆漂移说；巴普洛夫在看到狗吃食物分泌唾液的现象，发现了揭示大脑活动奥秘的条件反射说等。

敏锐的观察力能帮助观察者捕捉有关事物的个性特征。如《桂林山水》一文中，描绘水的清、静、绿，山的奇、秀、险等特征，都是作者敏锐的观察能力的体现。但人的观察能力不是与生俱来的，而是在后天的实践过程中培养和发展起来的。因此，家长和教师在日常生活中，要注意培养学生的观察力，提高学生观察的有效性。

教会学生观察方法

观察方法是学生顺利完成观察任务的手段和措施。指导学生观察，要让学生掌握一定的方法，才能使观察过程顺利进行。

常用的观察方法有直接观察、间接观察。从主体参与的角度来说，对客观事物的观察有直接观察和间接观察之分。

直接观察是个体动用各种感觉器官的参与，既通过眼看、耳听等直接获取被观察对象的有关信息。这种观察常用于实地或实物观察。教师组织学生参观名胜古迹、游览大山名川、组织郊游以及课堂教学中教师运用直观教具、各种实物模型等均属于直接观察的范畴。

现实生活中许多事物或现象是不能进行实地、事物观察的。如南极风光、"神六飞天"、美国"9·11"爆炸现场、撼动人心的二万五千里长征，以及刘胡兰、罗盛教、黄继光等英雄人物壮烈牺牲的场面，我们都不可能进行直接观察，只能借用电视、图象、文字资料、别人的描述等中间媒介，获取相关信息，这种借助某种中间媒介，通过间接方式获取相关信息的过程就是间接观察。

除了以上的观察方法，还有动态观察和静态观察。客观事物的存在有两种形式：一种是相对静止的，如建筑物、道路、桥梁等；另一种是运动变化的，如飞禽走兽、日月星辰等。对相对静止的事物的观察就称为静态观察，在观察过程中，要选择好观察角度，角度不同观察结果也不尽相同。如古诗中的"横看成岭侧成峰，远近高低各不同"就是讲观察结果随观察角度的变化而变化。对运动变化的事物观察，要注意安排好观察时间，及时做好观察记录，记下事物运动变化的情况，有时甚至需要多次反复的观察，才能全面认识事物运动或变化的规律。如观日出，必须把观察时间安排确定好，可以分时间段进行多次重复观察日出前、日出时、日升起时的情景，记录下每个时间段、每次不同的观察的结果，最后通过比较、分析，概括出不同时间段的运动变化特点，清晰具体地反映日出的全貌。

另外，还有平时的不随意观察和教师组织的专题观察。日常生活中，同学们的耳闻目睹、道听途说等属于无目的的、不自觉的、无意识的，这种由客观事物作为刺激物引发的学生个体不自觉的观察，就是我们所说的不随意观察。这种观察由于缺乏明确的目的性，所以对客观现实中的人、事、物，认识是模糊的、不具体的、表面的、肤浅的。教师组织的有目的的专题观察，事先有必要的相关知识、方法和准备，有明确的观察目的，详细的观察计划、步骤、措施，所以观察过程中需要集中注意力，需要有克服一定困难的意志努力。这类观察比较深入、细致、持久，观察结果也比较清晰、具体、全面。

观察要有明确的目的和任务。观察的目的任务愈明确，观察者对所观察的对象的认识就愈全面、愈清晰，因而观察的效果就愈好。反之，学生就会在观察过程中，东看看、西望望，抓不住观察对象的重点，往往收效较小。

譬如我们生活在北京的学生，大都多次观察过天安门或有关图片；但如果让你说出城楼上的正面有多少根大立柱，很少有人说得准。这是以前谁都没有给自己规定这方面的观察任务的缘故。学生有了明确的观察目的和任务，才会有观察的主动性、积极性，才能收到预期的观察效果。

一、观察要全面

观察要全面就是对要观察的对象的全貌、事物发展的全过程、事物构成的各个部分以及事物之间的关系，从头到尾、由此及彼地进行观察。正如老舍先生所说："观察事物必须从头到尾、寻根追底，把它看全，找到它的底，不知全貌不会概括。"

我们都听说过"塞翁失马"这个成语故事：

塞翁的马跑丢了，邻居安慰他，他说："这怎么见得不是一件好事？"后来他的马回来了，而且还带回一群塞外的骏马。邻居们向他祝贺，他又说："这怎么见得不是一件坏事呢？"不久，他的儿子因为骑马摔折了腿，邻居们又来安慰他，他说："这怎么见得不是一件好事呢？"不出几日，皇帝下令征兵，他的儿子因折了腿免于被征。

虽是虚构的故事，但是给我们留下了"塞翁失马，焉知非福"的成语。这个故事告诉我们：对事情的观察不能只看开头，就轻率地下结论，这样往往会判断失误；只有全面观察，才能对观察对象有一个清晰的整体认识。

例如，有位名叫叶辉的同学对地球仪进行全面观察之后，写下这样一段文字：

我有一个光彩夺目的地球仪。地球仪下面有一个银白色的底座，这个底座好像一个小喇叭。地球仪上还有一个银白色的纬度标，好像一个小月牙。上面刻着许多阿拉伯数字，纬度标的中间还穿过一根轴，使地球仪可以自由转动。地球仪五颜六色好像一个花皮球，上面写着许多大小不一的黑体字，还有许多标记：有圆形的、笔直的、弯曲的、倾斜的……

从这段文字上看，这位同学从底座—纬度标—中轴—球体四个方面对地球仪的构造作了全面的观察，观察得全面，才能写得具体，给读者以清晰整体的印象。

二、观察要有重点

对周围客观事物的观察强调全面，但不是说不分主次，眉毛胡子一把抓。在全面观察的同时，要做到主次分明、重点突出，针对事物构成的主要部分，要重点观察、仔细观察，有时甚至要反复观察，这样才能在观察中抓住关键，抓住事物的主要特征。这里所说的"关键"和"事物的主要特征"是学生观察的重点，也常常是写作的重点。

我们再来看一下《地球仪》这篇文章的下文：

最能吸引人的是约占百分之七十的海洋，这意味着海洋比陆地面积大得多。标志着海洋的颜色是蓝的、湛蓝的、海蓝的，总之，这蓝色使人感到无比的开阔，仿佛一望无际的大海就出现在眼前。然而，真的大海是变幻莫测的，有时海面风平浪静，平静得像一面镜子；有时大海微波荡漾，波光粼粼；也有时大海会发怒，波涛滚滚，汹涌澎湃。大海和人类的关系越来越密切了。海底不仅有各种各样的动物和千奇百怪的植物，而且海洋已成为人类取之不尽、用之不竭的宝库。

我非常喜欢大海，将来一定要亲眼看看大海。有时我还情不自禁地哼起《大海啊，故乡》这首歌呢！

在对地球仪全面观察的基础上，叶辉同学又确定了球体上的一个"点"……约占百分之七十的海洋，以此作为观察的重点和文章的主要部分，并与平时的观察和联想结合起来对大海作详细的描写，使人们对地球仪上的大海有一个比较深刻的认识。

三、观察要深入、细致

观察不能走马观花、浮光掠影。法国著名作家、世界短篇小说之王莫泊桑在总结自己最重要的写作经验时指出：关键在于从不同角度，用自己独特的眼光去发现别人没有发现的事物特征。而这个经验正是他的老师——法国文学大师福楼拜传授给他的。

一天，莫泊桑带着自己写的文章，去请福楼拜指导，他坦白地说："老师，我读了很多书，为什么写文章总感到不生动？""这个问题很简单，是你的工夫不到家。"福楼拜直截了当地说。

"那怎样才能到家？"莫泊桑急切地问。

"这就要肯吃苦，勤观察。你家门前不是天天有马车经过吗？你就站在门口，把每天看到的情况，都详细地记录下来，而且要长期记下去。"

第二天，莫泊桑真的站在家门口看了一天大街上来来往往的马车，可是一无所获。接着他又连续看了两天，还是没有发现什么，万般无奈，莫泊桑只好再次来到老师家，他一进门就说："我按照您的教导，看了几天马车，没有看出什么特殊的东西，那么单调，没有什么可写的。"

"不，不不！怎么说没有什么东西好写呢？那富丽堂皇的马车和装饰简陋的马车是一样的走法吗？烈日炎炎下的马车是怎样走的？狂风暴雨中的马车是怎样走的？上坡路马是怎样用力的？车下坡时，车夫是怎样吆喝的？他们的衣着、表情是什么样的？……怎么说没有什么好写的？"

福楼拜滔滔不绝地说着，一个接一个的问题都在莫泊桑的脑海里打下深深的烙印。从此，莫泊桑天天站在大门口，全神观察过往的车辆，获得了丰富的材料，奠定了他的写作基础。

我们平时作文为什么没有内容可写，或者写得不具体、内容不够充实。一个很重要的原因就是对客观事物的观察不够深入、细致。比如，有的同学观察月食后仅几句话就没东西说了，而有的同学却能写得很仔细：

……只见月亮不是圆的了，好像被什么咬掉一块似的。慢慢地，月亮变成了小船，接着像镰刀，像眉毛，像弯弯的细钩，天色越来越暗。一会儿，细钩也不见了。整个月亮被黑影吞没了，只留下大红铜的圆影子像一面锣。

又如朱自清的《荷塘月色》中的片段：

曲曲折折的荷塘上面，弥望的是田田叶子。叶子出水很高，像亭亭的舞女的裙。层层的叶子中间，零星地点缀着些白花，有袅娜地开着的，有羞涩地打着朵儿的；正如一粒粒的明珠，又如碧天里的星星，又如刚出浴的美人。微风吹过，送来缕缕清香，仿佛远处高楼上渺茫的歌声似的。这时候叶子和花也有一丝的颤动，像闪电般，霎时传过荷塘的那边去了。叶子本是肩并肩密密地挨着，这便宛然有了一道凝碧的波痕。叶子底下是脉脉的流水，遮住了，不能见一些颜色；而叶子却更见风致了。

再如《一面》一文中，作者对鲁迅先生的描写：

他的面孔黄里带着白，瘦得教人担心，好像大病新愈的人；但是精神很好，没有一点颓唐的样子。头发约莫一寸长，显然是好久没有剪了，却一根根精神抖擞地直竖着。胡须很打眼，好像浓墨写的隶体"一"字。

他们为什么能把人、景、物写得那么形象，那么生动鲜活？归根结底就是对客观事物深入、细致地观察的结果。

四、观察要抓住事物的特征

在生活中，没有特征的事物是不存在的。正如著名画家达·芬奇所说："在一千个鸡蛋中，很难找到两个完全相同的。"事物的特征即事物的属性。如人的外貌、言行、性格；事物的声、形、色、味、质地、结构、大小等特点。如果是运动变化的事物，则应抓住事物运动变化的特点，因为这些特点往往能反映出它们的本质特征。

我们观察事物要抓住特征，要抓住最能反映事物属性的本质特征。抓住了事物的本质特征，写出来的文章才能更真实、深刻地反映被观察的对象。

法国作家莫泊桑曾从师福楼拜。一日,福楼拜带莫泊桑走过一家杂货铺,只见一个吸着烟斗的守门人静坐着,就对莫泊桑说:"请你给我描绘出这个守门人,他的姿态,以及全部身体的外貌。你不但要有画家的手腕,写得逼真;而且要用文学大师的手法,传达出他的精神活动。请注意,你写的这个守门人,不能同任何的守门人混同起来。"话外之意就是要通过观察抓住人物的主要特征,这样就能避免我们在写文章时出现的"千人一面"现象。

　　如鲁迅在《孔乙己》这篇文章里对孔乙己的描写:

　　孔乙己是站着喝酒穿长衫的唯一的人,他身材高大,脸色清白,皱纹间常夹些伤痕;一副乱蓬蓬的花白胡子。穿的虽是长衫,可是又脏又破,似乎十多年没有补,也没有洗。

　　这段文字对孔乙己的外貌、衣着特征作了传神的描写,可见鲁迅生活中对这类人作了长期深入的观察,所以能准确地表现出这类人物的外在特点。

　　又如小学语文十一册《桂林山水》一课中描写桂林山水的文字片段:

　　……漓江的水真静啊,静得让你感觉不到它在流动;漓江的水真清啊,清得可以看见江底的沙石;漓江的水真绿啊,绿得仿佛那是一块无瑕的翡翠。

　　……桂林的山真奇啊,一座座拔地而起,各不相连,像老人,像巨象,像骆驼,奇峰罗列,形态万千;桂林的水真秀啊,像翠绿的屏障,像新生的竹笋,色彩明丽,倒映水中;桂林的山真险啊,危峰兀立,怪石嶙峋,好像一不小心就要栽倒下来。

　　文章的作者之所以能把秀色可餐的桂林山水描绘得生动传神,这与作者在观察时能够抓住桂林的水的静、清、绿,山的奇、秀、险的特点分不开的。

　　再如:

夜　丁　香

　　这盆夜丁香娇小美丽,香气怡人。

　　那一片片绿叶,清秀修长,弯弯下垂。那碧绿的叶子,宛如几块温润的碧玉雕琢而成,绿得那么可爱诱人。

绿叶丛中，盛开着一簇簇娇小的夜丁香花。它们相互依偎，竞相开放。细嫩的叶柄拖着五六片浅绿色的花瓣，片片花瓣小巧纤细，尽力向外舒展，露出星星点点的花蕊。

从正面看，每朵花就像一颗星，它们挨挨挤挤，闪闪烁烁；从侧面看，每朵小花又如一支小喇叭，它们会聚在一起，传播着美的信息。它们个个张着小嘴，眨着小眼，仰着小脸，那么娇小，那么玲珑，那么可爱。

然而夜丁香更惹人喜爱的还是它的香。在月朗风清的夜晚，人们围坐在一起谈笑的时候，夜丁香就会露出张张笑脸，散发出沁人心脾的清香。那香气不像蝴蝶花那样馥郁刺鼻，也不像牵牛花那样清淡无味。丁香花的香气带着甜味，那幽香弥漫在空气中，飘逸到人们的肺腑里，使人心旷神怡。

夜丁香啊，我多么喜欢你。我爱你那柔嫩的枝叶，纤细小巧的花朵，爱你那甜美的清香。在宁静的夜晚，使人陶醉，令人神往……

小作者在体会中写到：为了把《夜丁香》这篇作文写好，我抓住了夜丁香娇小美丽、花朵在夜间开放、香气诱人三个方面的特点，进行了仔细观察，先后运用了不同的观察方法，甚至动用了全部身心去感受。写出内容具体、生动，特点突出的文章，大概是这些缘故吧。

五、观察要讲顺序

观察的顺序，一般就是作者写作的顺序。观察有序，文章才能写得有条理。对周围事物的观察，要按照一定的顺序进行，要做到有条不紊。东一榔头西一棒，任意跳跃、杂乱无章的观察，不能取得对观察对象的准确而完整的印象，甚至可能将一些重要的东西遗漏。

常见的观察顺序有：

（一）时间顺序

由于客观事物是发展变化的，不同的时间内表现出不同的特点。尤其是运动变化的事物，要按照观察对象出现或变化的时间先后顺序进行观察。

例如，峻青观察海滨仲夏，就是按照"夕阳渐渐西沉""夕阳落山不久""夜色加浓"的时间先后顺序进行的。

再如，巴金的《海上日出》，更是对动态景物进行按时间顺序观察而取得描写成功的范例。作者依次对海上日出"之前""之时""之后"三个阶段仔细认真观察，有了这个观察基础，作者细腻而生动地表现了太阳跃出海面前后光色的无穷变化，令人心旷神怡。

（二）空间顺序

在对客观事物的观察时，如果观察的对象是静态的事物，构成比较复杂，分布比较散乱，一般常按照它们的空间位置排列顺序观察：或从左到右、从上到下、从前到后或由表及里、由远及近、由整体到局部、由中间到两侧等。

如：

肃穆庄严的焦裕禄烈士陵园，坐落在兰考县城北郊的黄河古堤上。站在陵园的高处，向南可以看到焕然一新的县城全貌；向北眺望，坦荡无垠的良田尽收眼底；东西是一条千里黄河故堤，由葱葱郁郁的防风林覆盖着，好像巍峨的绿色长城。

按照由南—北—东西的空间方位顺序对焦裕禄烈士陵园进行观察和描写。

再如：

……极目远眺，万里江山变成一粉妆玉砌的世界。看近处，那些落光了叶子的树木上，挂满了毛茸茸、亮晶晶的银条儿，那些冬夏常青的松树和柏树上，挂满了蓬松松、沉甸甸的雪球儿。一阵风吹来，树木轻轻地摇晃着，那美丽的银条儿、雪球儿就簌簌落落地抖落下来。玉屑似的雪末儿随风飘扬，在清晨的阳光下，幻出一道五光十色的彩虹。

作者由远景到近景对雪后美景作了认真细致的观察和描写。

以上两种观察顺序，并不是独立存在的，有时可以根据观察的需要把它们结合起来使用，这样能更具体、更全面地观察到事物不同方面的特征。以空间为顺序的说明文，多采用结合的观察顺序。

六、观察要与想象和联想结合

把观察对象的某一特征与生活经验中的某一事物通过想象和联想联系在一起，找出它们的相似点或相关联系等，用相似或相关的事物来描绘、介绍所观察对象的某一特征，这样就便于理解领会，写起文章来也形象逼真、生动鲜活。

如《春》，作者在文章的结尾部分描绘了春天的景色之后，通过想象和联想把春天和"刚落地的娃娃""小姑娘""健壮的青年"联系在一起，从而表现了春天"朝气蓬勃"的主题。

一般说来，这种想象和联想常常产生于观察时刻。一边观察，一边联想，一边思考用怎样的比喻把它表现出来。

又如，朱自清的《荷塘月色》一文中，关于荷叶、荷花的描写，把荷叶比作"亭亭的舞女的裙"，把荷花比作"碧天里的星星""刚出浴的美人"。作者通过观察，把所观察的荷叶、荷花与日常生活积累的相关材料联想在一起，用生动的比喻突出和渲染了叶的多姿和花的迷人。

再如《小露珠》这篇文章：

小　露　珠

佚　名

清晨，聚在那鲜绿的叶片上的一颗颗小露珠，晶莹透亮，像一颗颗小珠在那碧绿的叶子上。叶片轻轻地摇动了一下，一颗就变成了许多颗，并一个个调皮地躲进了草丛中，再也寻不着它们了。

太阳刚刚揭开层层的云被，露出金色的微笑，慈爱地注视着这熟睡了一夜的大地，它那绚丽的光照射在荷叶上的小露珠，小露珠们便变成了一枚枚金灿灿的小太阳，在温柔的晨风吹拂下，它们便在宽大的叶片上调皮地打着滚嬉戏。

也许你走在路上，突然感觉到头顶有一丝凉意，那便一定是小露珠和你亲热呢。

太阳的脸越来越红了，简直红得发亮，小露珠却不见了。咦？它们到哪里去了呢？莫不是扯着太阳的手跑上了那蓝蓝的天空了吧！不然，夜晚那黑黑的天上，怎么有那么多亮晶晶的小东西呢？

作者正是在观察中动用了想象和联想的"武器"，才把小露珠写得调皮可爱，小露珠鲜活生动的形象跃然纸上。

七、观察要与思维相结合

英国画家佐治·伯里曼在《画手百图》中明确指出:"没有思想支配的眼睛,眼睛是盲目的。"意思是说,观察离不开人们的积极思维活动。

人们在观察客观事物的过程中,对所观察对象的某些表面的感性认识,只有通过思维过程的分析、比较、综合等活动,才能概括出事物的本质特征,并在头脑中形成对客观事物的清晰印象。

《三国演义》中有这样一个故事:

司马懿统帅魏国大军十五万人进攻孔明所在的西城县,而西城县内只有蜀军二千五百人,眼看大名鼎鼎的孔明就要束手被擒。但是当魏军前哨来到西城县城下,却看到这样一个令人震惊的情景:"诸葛孔明身披鹤氅,戴纶巾,引二小童携琴一张,于城上,凭栏而坐,焚香操琴。"魏军前哨急忙报告司马懿,懿笑而不信,遂止住三军,自飞马远远望之。等他亲眼看到这一情景后,大惊失色,急令撤军。他的儿子司马昭问他为什么?司马懿说:"诸葛平生谨慎,不曾冒险,今天大开城门,必有埋伏。我兵若进,恰中其计谋。汝辈岂能了解他的用兵之策,快快退兵。"于是将十五万大兵全部撤走。诸葛看敌军已退,拍手大笑不已。

这是著名的"空城计"。司马懿听到后,"自飞马远远望之"以"观"个究竟。不能不算得上仔细观察。但是,他"观"后大惊,急忙下令撤军,却中了"空城计"。这是为什么呢?

这是因为司马懿只从表面现象的观察和过去对诸葛的肤浅了解"诸葛平生谨慎,不曾冒险"就做出错误的判断。司马懿是魏国名将,但由于对诸葛亮的观察了解不够全面,所以失去一次本来可以大获全胜的机会。

看来对周围客观事物的观察,不能只停留在表面认识上,要"知其然,又要知其所以然"。只有这样才能真正了解观察对象的本质,才能认清观察对象的本来面目。但要做到"知其然,又要知其所以然"那就离不开我们思维活动的积极参与。如果司马懿通过分析、比较、综合等思维活动,那就不会犯下这样的错误,三国的历史也可能会因此而改写。

我们对客观事物的观察,通过感觉器官获取对它们的感性认识。但这只是表面的、肤浅的、粗糙的,要实现感性到理性的飞跃,必须有思维参与。

如《香山红叶》一文，作者在观察一叶红叶写道："叶子是圆的，只有叶脉上微微透出点红意……闻了闻，那叶发出一股微微的药香。"这里作者观察了叶子的形、色、味，进而又通过思维活动的综合分析道："怪不得叫香山红叶。"

再如：

骆 驼

无边无垠的沙漠，缺雨短水，风沙弥漫，忽冷忽热，变幻无常，难得见到一点绿色，很少看见各类生物。然而，随着"叮当"的铃声，骆驼背负重物，稳步跋涉在疏松的沙土上，缓缓向前。尽管气候多变、环境恶劣，但骆驼丝毫不去理会。骆驼何以有这样的本领来适应沙漠的艰难生活呢？

让我们来看一看骆驼的特征吧！

骆驼浑身上下是蓬蓬的黄褐色的毛，就好像增加了一层保温层，足以抵挡寒风的威胁和热浪的袭击。

骆驼的背上有两个或一个隆起的呈圆锥形的驼峰，这是脂肪和养料的"大仓库"。它的胃里还有水囊，用来贮水。这样，在缺少水、草的沙漠里，骆驼可以六七天不进食、不喝水，照常行走。

骆驼的颈很长，能看到很远的地方，足以使它不迷失失向。沙漠中常有风暴，骆驼依靠可开可合的鼻孔和睫毛，将沙挡住，既不会窒息，也不会迷眼。骆驼的脚掌上有很厚的肉垫，富有弹性，能伸展，因此不会陷进沙中。

正是这些特殊的形态结构和生理机能，保障了骆驼能担负起其他动物在沙漠中不能胜任的工作，成为沙漠中特有的交通工具。所以它又有"沙漠之舟"的美称。

骆驼为什么会有"沙漠之舟"的美称，正是因为作者基于对骆驼的形态结构和生理机能的观察，通过思维活动的分析、综合得出结论。

八、观察要走进大自然和社会生活

现实的学校教育中，学生终日忙碌于功课，甚至被大量的作业压得喘不过气来，根本抽不出时间去接近自然和社会。每天从家庭到学校，从学校到家庭，两点一线式的生活方式，决定了学生视野空间的狭小，这也是学生作文言之无物的主要原因之一。

有这样一个故事：

一只小青蛙从小就生活在一口井中，从来就没有看过外面的世界。一天来了一只大海鳌。小青蛙很高兴地和他攀谈起来："欢迎你来这里做客，看我们生活在这里，有蔚蓝的天空、充足的阳光、清澈的泉水，我们可以在宽敞的井底自由蹦跳。朋友你也下来看看吧！"海鳌很好奇，可是他刚把左脚迈进井口，右脚再也伸不进去了。大海鳌无奈地说："朋友，你见过大海吗？它有千里之广、万丈之深，那才是真正的广阔呢！"小青蛙睁大眼睛，惊奇得说不出话来。

学生拘囿在家庭、学校的方寸空间，就像"井底之蛙"，势必造成见识狭窄。俗话说："见多识广"，意思是说看到的、接触到的东西多，懂得的东西和事理就多。只有让学生广泛地接触自然和社会，才能见多识广，习作时才能做到出手成篇。

如：

金色的收获

春华秋实，秋天是果实压满枝头、万紫千红的丰收季节。

9月18日，我们全体同学沐浴着阳光、伴着晨风来到了坐落在雁栖湖畔的"乡间情趣园"采摘金秋的果实。

从车上下来，我立刻被这里的美景惊呆了。极目远眺，崇山峻岭，郁郁葱葱。近处，苹果树、桃树、柿子树都被丰收的果实压弯了腰，采摘就从这里开始了。苹果挂在高高的枝头上，同学们看得眼馋极了。可是要想把它们摘下来，可不是一件容易的事。为此，同学们想尽了各种办法：有的跳起来抓，有的用树枝打，有的抱住树干摇，还有的干脆爬上树去摘……不一会儿，好多好多又大又红的苹果被我们装进了口袋，这不小的收获使同学们的兴致更高了。

老师又领我们来到地瓜地。看到这片不起眼的绿地，我怎么也想不出这地底下竟长着味道鲜美的地瓜。我蹲在地上，两手抓起几根瓜秧，紧紧握住，心想这一下定能拔出一个大地瓜。边想边用力向后拔，可是手拔疼了，瓜秧却一动不动。王业伦同学见我在使劲，也跑过来帮我。我拔瓜秧，她拽我的胳膊，哈哈，还真有点像小人书里的"拔萝卜"。这时，只听"嘣"的一声，把我吓了一跳，原来瓜秧断了，地瓜没拔出来，还差点摔个大跟头，看来拔不行，还得挖。

我重新找到一棵又大又粗的瓜秧，先把叶子扒开，再用手使劲挖根部的土。不一会儿，只见一个地瓜的小脑袋露了出来。我又学着刚才的样子，继续扒土。只见地瓜又露出了一些，我心想这回可成功了。我偷偷地看了看别的同学，还没有挖出来，心想这回我可要拿第一了，越想越急，情不自禁站起来，使劲往上一拔，结果地瓜成了两半。我后悔得直想哭，真不该这么急，怪不得在家里妈妈总批评我性急呢。

我又重新换了一个地方。这时我想起奶奶家种的南瓜了，叶子枯黄的大南瓜才会成熟。于是我选了一棵叶子已经枯黄的地瓜秧，使劲用手挖起来。细沙磨得我手直疼，我还坚持挖，直到整个大地瓜完全暴露出来，我才将它小心翼翼地取出来。哇！好大的一个大地瓜呀！我抱起地瓜三步并作两步地跑到老师面前，老师看了高兴地说："白潮挖出个地瓜爷爷。"这时其他同学也都带着胜利的果实跑过来，大家互相比着、互相看着，大的、小的、圆的，每一个同学都在冲着地瓜笑，笑得那么开心，笑得那么甜。

啊！多么美好的季节，多么可喜的收获。这天，我们在美丽、富饶的"乡间情趣园"里感受到了劳动的艰辛，品尝到了收获的喜悦。这在我的记忆中抹上了浓浓的一笔，它使我忘不了，真的，永远忘不了。

这丰满的文章内容从何而来？自然是来自作者的细心观察和社会生活的亲历。

让学生走进大自然，走进社会生活，去观察、去感知、去发现自然界和社会生活的无限"奥秘"吧。让学生的"内存"充实起来，视野开阔起来，写文章的素材丰富起来。

九、观察生活要善于发现生活

观察力说到底是善于发现生活的能力。对生活具有敏锐的觉察能力，能不失时机地捕捉意蕴深厚的生活片段，善于追踪有价值的生活信息，善于洞察生活发展的方向和趋势，善于把握生活中微妙而细腻的种种感受，从平淡中透视出深邃，从寻常中发现不寻常。

这恰如王蒙说的那样："对于一个心灵高尚而又敏感的人，对于一个真正的作家，生活永远不会成为无聊的和呆板的，大地上度过的每一天都会带来新的体验和新的思索。正像一个正在爱着的少女，情人的一举一动、一声一息都是闪光和宝贵的。"

十、观察要学会知微见著

观察要从一种细微的迹象预见事物发展的前景，通过典型的人和事，洞悉一种时代风尚。一粒沙见大世界，一滴水折射太阳的七彩光辉。

如广州希冀文学社黄燕纯同学在生活随笔中写到：

讲座前，主持人在屏幕上显示出了一些所需要注意的问题，如不要抽烟，关闭手机……这些是细节的问题。我也相信大家都能为尊重这位高贵的客人，"委屈"一下自己。尚不说马博士身份如何高贵，即使是一位普通的演讲者，做到这些也是起码的一种礼貌。然而，在马博士倾情演讲的时候，一曲曲"伴奏乐"此起彼伏。像特别兴奋，按捺不住自己的激动心情，要为马博士歌唱一曲，殊不知这是对马博士的不尊重。我在座位上替他们捏了一把汗，希望马博士的洪亮声音能把一曲曲"干扰乐"压下去……会场上的工作人员为了不影响马博士的演讲，只好把屏幕上马博士的伟岸风姿切换成："注意关闭手机……"唉，真丢尽我们当代中国大学生的脸！连最起码的礼貌都没有，更何况能听懂他的讲座意义。看来，加强大学生的文明礼貌教育势在必行。

作者从学生手机此起彼伏的"伴奏乐"对演讲的干扰，这一细微的生活问题中，洞察到现在的部分大学生连起码的礼貌素养都没有的社会现实，由一斑而窥全豹、知微见著，最后呼吁加强当代大学生文明礼貌教育。

十一、观察要学会透视

观察要学会透视，从偶然中发现必然，从自然的变化中看出人生的哲理，从人事的对照中发现生命运动的法则。花开花落、风霜雪雨、斗转星移、大江东去都可以给我们许多的人生启迪。

如小学语文课本中《秋天的落叶》一文：

秋天的落叶

谢冰莹

从昨天起,我才相信现在真的是秋天了!

是上午十点钟,我下了课回到寝室,只见床上铺满了梧桐子、落叶,和由破窗门上掉下来的石灰、尘埃。风,怒号着,黄叶不断地飞了进来。

我并不生气,要是平日看见床上这样多的灰尘,我一定要埋怨这房子太旧,粉刷的工人太糟糕,不该弄些石灰在窗户上,而且又只是薄薄的一层,晒干了老是一块块地掉下来。但我今天不埋怨房子,也不埋怨粉刷房子的工人,我只是感到愉快,因为秋天来到我的房间了!我欢迎它,轻轻地用鸡毛帚扫去了石灰和尘埃,扫出了淡黄的梧桐子,和枯萎了的不知名的落叶。

啊,原来地上铺着的叶子比床上更多,要不是有床和桌子、椅子摆着,这简直成了落叶萧萧的树林了。

站着,默默地站着,我对着晴朗的天空微微地笑了。我笑这可爱的秋已来到了大地,来到了我的房间,更来到了我的心里。我要欢迎它,让猛烈的风将一切落叶,吹进我的房子,铺在我的床上,它是天涯的飘泊者,任秋风吹到哪里便落到哪里,没有归宿,没有人怜。我同情它,我爱它,落叶呀,通通飞进我的房间来吧,这是你们的归宿地,这是你们的天堂。我张开两臂等待落叶到来,我要欢迎它,更要从风那里抢过来握在手里,轻轻地抚摸它,追悼它已逝的青春,曾经被一切人赞美过、追求过、爱慕过的青春。

下午特和庄都来到我的房间。我告诉他们上午下课回来看到房子里的景象。特望着我只是笑了一笑。庄说:"多么艺术呀!你应该不讨厌。"

"自然,我喜欢落叶进来,但不高兴灰尘。"

"要这样才有意思,"庄又说:"光只落叶,未免太单调了,人生是复杂的,什么都不可缺少。"

我觉得这话也有几分对。在现社会里,到处都是灰尘,到处都是烟雾迷漫,到处都是黑沉沉的像鬼域一般。你不喜欢灰尘,可是它偏要掉在你的桌上、床上,有什么方法可以拒绝它呢?

我爱秋天,秋夜的月亮是格外美丽的,多情的,这些谁都知道。但我爱的除了月亮外,还有秋雨和秋风。

许多人说秋天最容易惹起人的烦恼、伤感,所以古今的词人墨客,都是在秋天大发牢骚,摇头摆尾呜呼噫嘻,舞弄笔墨。我恰恰相反,我觉得秋天是一年中最快乐最美丽的季节。无论站在气候、景象、情感各方面讲都是调和的,完美的。我爱秋,我更爱随风飘舞的秋天的落叶!

作者谢冰莹下课回到寝室,观察到床上铺满了落叶和尘埃,由此透视、引发哲理、议论人生:"光只落叶,未免太单调了,人生是复杂的,什么都不可缺少。"同时也说明了作者善于观察生活,思考、透视生活。

十二、观察要学会辨证地认识事物

观察中只有辨证地认识事物,看清事物"一分为二"的两个方面:有长有短。有阳光就会有阴影,有月盈就会有月亏,不能只看见玫瑰而不见玫瑰花的尖刺,也不能因为玫瑰花有刺,就抹杀玫瑰的价值。不可一叶障目,不见泰山。

我们来看一下江苏的黄亮同学写的《默默无闻的文竹》这篇文章吧:

默默无闻的文竹

黄 亮

有人喜欢雍容华贵的牡丹花,有人喜欢亭亭玉立的水仙花,而我却喜欢那默默无闻的文竹。

文竹是平凡的,它笔直而细长。文竹有一点与众不同,它的叶子平铺直板,茎上长叶,叶上长茎,这是多么奇特的景象啊!

人们认为文竹不开花,其实这是大错特错了,只不过文竹的花儿太小。在每年百花盛开、争奇斗艳的时候,文竹静静地躲在一边,也把自己的小花苞打开了。看啊,五片白色的小花瓣中间是极其细小的花蕊,淡淡的黄色,美丽极了。

文竹默默无闻,它既无牡丹的雍容华贵,又无水仙的亭亭玉立,更无腊梅之傲骨,可是,它却懂得自己生长在这片土地上,就有自己的一份责任。于是它默默地生长着,默默地奉献着自己的绿,从不吝惜。没有人注意它,可是它从不计较,因为它不需要名声,不需要权力。一个人活在世上是不是也需要这种精神?

我愿做一株文竹,一株默默无闻、无私奉献的文竹。

小作者在这篇文章中就是用辨证的眼光来审视文竹的:文竹虽默默无闻,它既无牡丹的雍容华贵,又无水仙的亭亭玉立,更无腊梅之傲骨,可是,它却懂得自己生长在这片土地上，就有自己的一份责任。于是它默默地生长着，默默地奉献着自己。文竹虽默默无闻，又无牡丹、水仙、腊梅等百花之美姿，但它却懂得尽责和奉献。最后，作者又借物抒情，表达了自己人生的价值取向。

十三、要学会全方位观察

学会全方位、多角度、多层次、多侧面认识事物。观察同一事物，选择不同的视点，可以展现不同的思路，有不同的寄托。例如，同为吟咏竹子，古代文人习惯称颂其持节、虚心的品质，所谓"未出土时便有节，及凌云处尚虚心"。可是杜甫却写下了"新松恨不高千尺，恶竹应须斩万竿"的诗句，竹子成为恶与丑的象征。

面对相同的事物，只要我们善于改变观察的角度，把握同一客体在不同背景中体现的不同特征，展开联想，达到"物我合一"的境界，我们就能创造出不同的个性艺术形象。

十四、观察贵在用"心"

观察生活必须做生活的有心人，处处留心，时时在意，充分调动自己的各种感觉器官去感知生活，激活内心的热情，体味生活的真谛，练就一双"善于发现美"的眼睛。

这里有一个前提：观察生活要热爱生活。叶圣陶在《作文论》中曾批评过一些遇事木然、感情冷漠的人，"更有些人对于什么都冷漠，不从这方面倾致，也不从那方面倾致，只是消极的对待，觉得什么东西总辨不出滋味，一切都是无边的空虚，世界是各不相连的一堆死物，生活是无可奈何的消遣。所以至此的原因，在于与生活的核心向来不曾接近过，永远是离开得远远的；而之所以离开，又在于不多观察，少具经验，缺乏切实的思想能力"。可见一个对生活缺乏激情的人，对生活也少有感悟。反之，善于用心灵去开掘生活的人，他对生活的感情也会日渐加深。

总之，观察是我们了解认识周围客观事物的重要途径。只要我们青少年学生在日常生活中做到"处处留心"，经常坚持深入、细致地观察，不断地积累，作文材料就会逐渐丰富起来，写起文章来那丰富的材料就像汨汨清泉在我们的脑际流动，任你随意舀取，而永不断流。

第七讲

腹有诗书气自华　教会学生阅读

阅读是人类社会最重要的学习活动，是人们认识世界、传播信息、交流感情、掌握知识的重要手段。尤其是21世纪信息时代，阅读充斥着我们社会生活的整个空间，几乎如同呼吸一样，已成为我们生活的基本功能和基本生存方式。

阅读是语文教学的一体两翼

  阅读也是我们中小学语文教学的主要内容，它和写作有着密切的关系；有人把阅读和写作比作为语文教学的"一体两面"，离开了哪一面，语文教学就会倾斜、失衡；也有人把它们比作是"一体两翼"，是飞鸟的两个翅膀，少了哪一个飞鸟就无法在高高的碧空中自由飞翔。学生在语文学习中，通过阅读吸收继承人类历史的优秀文化遗产，接受前人的智慧和思想，与前人进行心灵的对话；阅读也是通过文章结构的表层语言去探究文章的深层结构，是学习语言的一个重要通道和方法。由此我们认为：阅读是写作的前提和借鉴，写作是阅读的升华和创造。没有阅读修养的写作，就像视野狭窄的井底之蛙；没有写作欲望的阅读，人们的创造性就会受到抑制。可见，阅读与写作两者合则共荣，分则俱伤。

  其实，关于阅读和写作的关系，也就是读书与作文的关系。早在唐朝时期，伟大的现实主义诗人杜甫就曾有"读书破万卷，下笔如有神"的精辟论述。鲁迅先生也曾以自己的亲身体验谈到读和写的问题，他在谈到写白话小说《狂人日记》之前的准备工作时说："大约所仰仗的全在先前看过百来篇外国的作品和一点医学方面的知识，此外的准备一点没有。"他在《答〈北斗〉杂志社问——创作要怎样才会好》一文中也曾指出："要多读书，读具体的作品。"张志公先生也曾说："读和写之间，读是基础，必须在多读的基础上进行写的训练。"这些论述都说明了阅读对写作的重要作用。

另外，从写作的角度上讲：阅读就是间接获取写文章的材料，就是借鉴别人的写作技巧。人们通过阅读可以丰富知识、开阔视野、拓宽思路，也可以通过阅读学习如何遣词造句、布局谋篇等。我们中小学时期要想为写作打下坚实的基础，就必须重视阅读的前提和基础作用。

阅读要广博

"读万卷书,行万里路。"

读书能启迪人的智慧,开阔人的视野,丰富人们的知识储备。阅读的内容多、范围广,学到的知识就多。古人训言说"博览群书",意思是说广泛地阅读许多书籍;又言"学富五车",意思是说读书多,知识就很丰富。可见书是记载知识的宝库,需要多读。

"书是人类最忠实的朋友。"多读书可以长知识、长志气,使学生明白做人的道理。多与好书交朋友,不仅可以使学生的精神世界更加美好,还有助于在习作中有新发现、新创造、新提高。

如:

智力竞赛给我留下深刻印象

汤 磊

在我的书桌上,摆放着一个小巧玲珑的地球仪,它圆溜溜的身子蓝一块黄一块,代表大海、陆地、湖泊……它那闪闪发亮的底座能照出人影来。每当看到它,我就想起那次难忘的智力竞赛。

寒假的一天,碧空如洗,金灿灿的阳光普照大地。我和另外两名同学代表学校参加"我爱家乡"智力竞赛。步入会场,只见大厅内,五个参加决赛的学校的十来名代表依次坐在厅正中,个个摩拳擦掌,跃跃欲试。旁观席上,坐满来自各校的老师、学生。真紧张,我的心不由慌了起来。正在这时赛前老师的那段话仿佛回荡在我的耳畔;同学们那一双双充满期望的眼睛,仿佛在望着我。我开始沉着起来,不慌不忙地坐在位置上。

比赛开始了。"先是必答题部分,由一号同学回答。"主考老师严肃地说。"一号,这不是我吗?"我慌忙站了起来,心"咚咚"直跳,像揣了一只小兔子。"请你回答,天津最长的公路是哪一条?"糟糕,头一个就不会,我一下就慌了神,脸憋得通红,急得眼泪都要流下来了。我不由回头看了一下我身边的刘明。他正望着我,那大眼睛似乎在对我说:"沉住气,别紧张。"我的心情平静了下来。老师的第二个问题跟着就来了:"古长安是现在的哪座城市?""西安!"我不假思索地回答。"对,加十分!"听了这句话,我不由长长吁了一口气,心理比喝了蜜还甜。

抢答题开始了,场上的比赛更是紧张。经过几轮激烈的比赛,比分拉开了,我们的分数最高,另一小学仅差我们10分。这时老师又提出了问题:"天津三绝是什么?"不就是狗不理包子、耳朵眼炸糕、十八街的大麻花吗?我毫不犹豫地伸手去按电钮:"嘟——!"没有想到他们抢先了。一下子,我们与他们的比分拉平,只剩下最后一道决胜负的题了。场上立即紧张起来,空气凝固似的。听不见一点声音,只有墙上的大钟摆还在"滴答滴答"的摇晃。"天津在古代叫什么?"这可是一道难题,我们几乎都陷入了沉思,时间一秒一秒地过去了,场上还是鸦雀无声。忽然,一个念头闪过我的脑海。记得在《中国名胜词典》上看到过,天津好像叫——直沽!我欣喜地按动了电钮。"对,加十分!××小学夺得第一名!"老师的话音刚落,场上响起了热烈的掌声,我们三个人对视一下,笑了。要不是在赛场上,我们准会拥抱欢呼起来呢!

发奖仪式开始了。我们站在领奖台上,下面的同学都向我们投来羡慕的目光。老师把一个小巧玲珑的地球仪发到我们的手中,我们恭恭敬敬地敬了一个队礼,闪光灯一闪,照下了这激动人心的场面。

如今,我每当看到地球仪,眼前就浮现出智力竞赛的情景,这件事给我留下深刻印象。但我也知道"书山有路勤为径,学海无涯苦作舟"。我们虽然取得了第一名的成绩,但也只是刚刚看到浩瀚的科学海洋。今后,更要勤奋学习去揭开知识海洋的奥秘。

小作者在谈这篇获奖作品的写作体会中写到:智力竞赛需要丰富的知识,写文章更需要丰富的知识。这篇文章之所以写得好,与作者在阅读中吸取丰富的营养是分不开的。我深切地体会到:大量广泛地阅读是写好作文的关键,也是较快提高作文水平的一个有效方法。

纵观古今中外,无数成功人士与读书也有着密切的关系。司马迁博览群书,写成《史记》;毛泽东在图书馆广泛阅读,增长见识,缔造一个国家;马克思在大英图书馆留下脚印，写出传世巨著《资本论》，影响世界格局；等等。

古人云："腹有诗书气自华。"提高自己内在素养和作文水平的最好方法莫过于广泛的阅读。

一、多读有益的书

"有益"是指有利于青少年的健康成长。为此，同学们要多读些长志气、明事理、陶冶情操的书。多读"有益"的书，不仅对学生作文大有好处，而且对他们的今后成长也会起到不可估量的积极作用。

英国哲学家培根在《谈读书》中写道："读史使人明智，读诗使人灵秀，数学使人周密，科学使人深刻，伦理使人庄重，逻辑修辞之学使人善辩。"可见，读书对青少年的成长大有裨益。

那么，青少年学生应该读哪些书？

具体说来有两大类：一类是经典著作，所谓经典著作，一般是指那些经过一代又一代人阅读筛选的，被公认为是重要的、有指导意义的著作。如《红楼梦》《西游记》等；另一类是当代各类中外优秀作品以及科普、政治、历史、文化等各类读物。如历史方面的《上下五千年》，名人传记方面的《爱迪生》《李时珍》，科学知识方面的《十万个为什么》，儿童文学方面的《外国童话选》《中国古代寓言故事》，等等。

二、读自己喜爱读的书

中小学生喜欢读什么样的书？对家长和教师来说是个费解的问题。如果我们视学生的"喜好"于不顾，强迫给学生选择读物，只会增强学生的对抗和逆反心理，即使他们从命阅读，也是敷衍了事。学生因年龄、性别、家庭环境等方面的影响，阅读兴趣千差万别。

2004年7月30日，《中华读书报》记者鲍晓倩曾到北京师范大学附属实验小学。走进孩子的阅读世界：

在一个烈日炎炎的下午，我们来到北京师范大学附属实验小学，和一群三年级、五年级的可爱的孩子们做了一次亲密接触，我们十分愉快地感受到，在孩子们的闲暇时光中，阅读仍旧是重要而能带给他们欣喜体验的，当然，不同的孩子有着自己独特的阅读世界——

毛涵颖　女　8岁　三年级

我喜欢超现实的幻想的书，最喜欢《纳尼亚王国传奇》了，是历险故事，还有童趣公司的《魔力100》。我还喜欢外国童话，比如《尼尔斯骑鹅旅行记》，也很惊险。

我不喜欢跟学习有关系的教育类书，没劲、无聊。暑假我打算看一本书，叫《假如给我三天光明》，妈妈说这本书很好。

张智行　男　9岁　三年级

我能把《哈利·波特》前5本背下来呢，可是我不喜欢女孩子看的《魔力100》，我们班的女生组成了魔力小组，我们男生反对"魔力"！

其实只要是对少儿有益的书我都喜欢，爸爸妈妈给我们买的肯定都是有益的书。

我喜欢历史类，比如说《上下五千年》，还有战争类，一战、二战故事，教育类的书我也喜欢，比如《方洲新概念》。

王欣漩　女　8岁　三年级

我喜欢看世界伟人故事，因为觉得伟人很伟大！我还喜欢看名著，四大名著里的《水浒传》《三国演义》都有很有意思的地方，但是《红楼梦》我看不懂，觉得很悲惨。

我也喜欢魔法，《魔力故事集》里有很多童话可有趣了，我还喜欢《鲁滨孙漂流记》。

李子问　男　8岁　三年级

我喜欢看经典的小说，四大名著我觉得很有意思。中国的童话我喜欢秦文君的"男孩三部曲"，还有杨红樱的《调皮的日子》。

我就不看《哈利·波特》，对我来说，那没什么意思。因为我觉得中国的和我们的生活近一些，容易懂。

阎太一　男　11.5岁　五年级

科幻小说和武侠小说是我的最爱，我喜欢未来的事情。金庸的武侠小说我几乎都看完了，古龙的我喜欢《小李飞刀》，梁羽生的我正在看《白发魔女传》。爸爸自己也喜欢这些书，所以让我看。

我觉得《哈利·波特》一般，比起武侠小说、《海底两万里》《三剑客》，没有惊险的武打场面，没什么惊心动魄的感觉。《哈利·波特》是消磨时间的玩意，看它跟磕瓜子差不多。

我还喜欢看历史类的书，《史记》《资治通鉴》《上下五千年》什么的，这些书里有很多帝王争霸、尔虞我诈的故事，从中能看出人世间的悲欢离合。

张博龙　男　11岁　五年级

我每天睡觉前都看漫画，看好几个小时，有时候看到12点，不管是《浪客剑心》还是《丁丁历险记》我都看。

爸爸妈妈让我报作文班，所以我得看爸爸妈妈让我看的作文书。我还喜欢能给我很多知识的探险类读物，比如说太空知识的。

文聪慧　女　11岁　五年级

我爱看有故事的书，我很喜欢看小说，比如《小公主》《小妇人》，名著我喜欢外国的，比如《简·爱》《呼啸山庄》。

国内的儿童文学作品我最喜欢《草房子》，好多童话都没什么意思。

有时候我还看杂志，比如《读者》和《青年文摘》。还有几米的绘本我也很喜欢。这个暑假，我打算好好看《长袜子皮皮》。

孙思齐　女　11岁　五年级

杂志我平时喜欢看《儿童文学》，说实话我不喜欢《数学大世界》，家长还老让我看高考满分作文。

我对哪一类书都没有特殊的偏好，因为我觉得哪一类书中都有好有坏，《上下五千年》这样的历史书就不好，没有具体内容，还不如直接去看《三国演义》。小说和童话我喜欢有哲理的，喜欢《草房子》，杨红樱的"马小跳系列"我就觉得没意思。

我觉得《哈利·波特》越写越差，不如一些经典的童话，像《青鸟》《小王子》什么的。

王婧妍　女　11岁　五年级

我特别爱看书，跟电视、电脑比起来，还是书是第一位的。

爷爷总让我看《三字经》，可我不爱看。我喜欢世界名著，看过100本左右吧。

我还爱看励志、益智类的书，比如《靠自己去成功》《学会选择》《懂得放弃》。

童话还是经典的比较好，比如安徒生的。有的童话太浅太假，而且情节内容都差不多，像《男生贾里》《女生贾梅》《调皮的日子》，饶雪漫的好像好些。

……

从无忌的童言中，我们看到孩子们风光无限的阅读世界和不同的喜爱。家长和教师应提供多种内容的读物，让兴趣各异的学生自主作出选择，从中找到自己喜欢的读物。唯有如此，才能使他们读起书来爱不释手，久而久之养成阅读的好习惯。

阅读要学会吸收

有的学生很爱读书，读起书来甚至忘记吃饭，可谓是废寝忘食；也有的同学读了一大堆书，但是写文章仍是"不知道从何处下笔"或"没有内容可写"。原因是什么呢？一句话，好的营养没有被吸收。就像吃饭，有的人吃得多，也不见长胖；有的人少吃，却很见长。究其因是肠胃消化、吸收的问题。读书也一样。

战国时期，苏秦游说六国"合纵"抗秦失败后，发现自己泛泛而读那么多书却不能解决实际问题，于是痛下决心，苦心夜研《阳符》《揣情》等篇章，最终说服六国采用他的"合纵"之术，借"合纵"的政治策略，秦国十四年不敢大举进犯六国。

北宋时期，著名的宰相赵普，得益于会吸收书中的营养精华，只读了《论语》的一半，就帮助赵匡胤把国家治理得井然有序，所以才有赵普"半部《论语》治天下"的美谈。

书读得再多，不会消化和吸收，对写作也是无济于事的。怎样吸收？《成功的奥秘》一书中的有关内容，给我们很大的启示。

一、平时要读中"蓄"写

"蓄"是积聚储存的意思。"蓄"的东西多了，写起来也就得心应手。"蓄"主要是靠平时的阅读，切忌"临渴掘井""平时不烧香，临时抱佛脚"。平时读书要"蓄"什么，才会对作文有所补益呢？

首先，在阅读中要善于积累各种有益的材料。阅读是作者与读者间接进行心灵的对话与沟通，是读者获取作文材料的重要途径。学生通过阅读去了解、领会、感知作者的生活感受、经历、情感，实现从阅读到内化，完成间接体验、感受生活的过程。这种间接体验越多，作文材料积累就越丰富，学生作文就越有话说，写出来的文字就越有真情实感、越生动传神。

其次，在阅读中还要善于积累文章中的写人、抒情、议论的文笔精华和绝妙之笔。

如朱自清的《春》一文中，对春天的描绘。

再如碧野的《天山景物记》一文中对"迷人的夏季牧场"的描写：

迷人的夏季牧场

就在雪的群峰的围绕中，一片奇丽的千里牧场展现在你的眼前。墨绿的原始森林和鲜艳的野花，给这辽阔的千里牧场镶上了双重富丽的花边。牧场上长着一色青翠的酥油草，清清的溪水齐着两岸的草丛在漫流。无边的草原是这样平展，就像风平浪静的海洋。在太阳下，那点点水泡似的蒙古包，闪烁着白光。

当你策马在这千里草原上尽情驰骋的时候，处处可见成千上百的羊群、马群和牛群。它们吃饱了含有乳汁的酥油草，膘肥体壮，毛色格外发亮，好像每一根毛尖都冒着油星。特别是那些被碧绿的草原衬托得十分清楚的黄牛、花牛、白羊、红羊，在太阳下就像绣在绿色缎面上的彩色图案一样美。

有时候，风从牧群中间送来银铃似的叮当声，那是哈萨克牧女们坠满衣角的银饰在风中击响。牧女们骑着骏马，健美的身姿映衬在蓝天、雪山和绿草之间。她们欢笑着跟着嬉逐的马群驰骋，而每当停下来，就轻轻挥动着牧鞭唱她们的爱情。

这雪峰、绿林、繁花围绕着的天山千里牧场，位置在海拔两千米以上。每当一片乌云飞来，云脚总是扫着草原，洒下阵雨。牧群在雨云中出没，加浓了云意，很难分辨出哪是云头哪是牧群。而当阵雨过后，雨洗后的草原更加清新碧绿，像块巨大的蓝宝石；那缀满草尖的水珠，却又像数不清的金刚钻。

特别诱人的是牧场的黄昏，落日映红周围的雪峰，像云霞那么灿烂。雪峰的红光映射到这辽阔的牧场上，形成一个金碧辉煌的世界，蒙古包、牧群和牧女们，都镀上了一色的玫瑰红。当落日沉没，周围雪峰的红光逐渐消退，银灰色的暮霭笼罩着草原的时候，你就会看到无数点的红火光，那是牧民们在烧起铜壶准备晚餐。

你不用客气，任何一个蒙古包都是你温暖的家。只要你朝着有火光的地方去，不论走进哪一家蒙古包，好客的哈萨克牧民都会像对待亲兄弟似的热情地接待你。渴了你可以先喝一盆马奶，饿了有烤羊排，有酸奶疙瘩，有酥油饼，你可以一如哈萨克牧民那样豪情地狂饮大嚼。

当家家的蒙古包的吊壶三角架下的野牛粪只剩下一堆红火烬的时候，夜风就会送来冬不拉的弦音和哈萨克牧女们的嘹亮的歌声。这是十家八家聚居在一处的牧民们齐集到一家比较大的蒙古包里，欢度一天最后的幸福时辰。

过后，整个草原沉浸在静夜中。如果这时你披上一件皮衣走出蒙古包，在月光下或繁星下，你就可以朦胧地看见牧群在夜的草原上轻轻地游荡。夜的草原是这么宁静而安详，只有漫流的溪水声引起你对大自然的遐想。

除此，还要善于从阅读中"蓄"些生动的词汇、语句，如成语、谚语、俗语、名言、警句、歇后语等精彩的语句。"蓄"得多了就实现了"内慧"，古人云："慧于内而外秀于言。"意思是说积累的东西多了头脑就聪明了，写出来的文章就有文采。写文章恰如其分地引用歇后语、警句、名言、名句等，不仅能平添文章的文采，而且也有利于增强说服力，更能表达自己的真情实感。

再次，阅读要善于积累。俗话说："好记性不如烂笔头。"要学会摘抄，但也不是摘抄下来就算了事，摘抄下来的东西绝不能让它舒舒服服地躺在笔记本里睡大觉，要把它背诵下来，煮烂，熟记在脑子里，需要时，随时提取。

中国有句俗话："学会唐诗三百首，不会写来也会吟。"意思是说读、背的东西多了，即使不会写诗，也能仿照诗歌的平仄、韵律等格式"吟"出像模像样的诗文来。

古有庖丁解牛之说：一天，梁惠王看到一个厨夫几刀就把一头牛分解成几大块。暗自称奇，于是他走上前去问道："你解牛的手艺为什么如此高超？"厨夫说："大王，因为我从事这一行当多年，熟悉了牛的全部结构，我按照牛体结构运刀，让薄薄的刀刃在牛体的骨缝中运行，这样解牛就不那样费力了。"梁惠王接着问："你在解牛的时候应该注意些什么呢？"厨夫说："遇到筋骨交错的地方，还要加倍小心，不敢有一丝马虎。不过时间长了就会得心应手。"梁惠王沉思片刻，对庖丁说："我从你的话里学到了很多东西，谢谢你！"

我们读书，每一篇好的文章在写作上必然有特色，只要认认真真地去读，久而久之，什么描写、抒情、议论、遣词造句、布局谋篇等，构思上的长处，写作上的特色就会学到手。

这里所说的"认真多读书"，不是强求学生一味在明确文章的段落大意、层次结构、文章中心思想等方面下工夫,而是让学生养成一种习惯:每读完一篇文章要多想想,文章是怎样开头的?怎样结尾的?又是怎样表现中心思想的?这样时间长了,别人构思谋篇的架子便积累在自己的脑子里。随着大量的阅读、积累的增多,写文章的脉络、骨架就在自己的头脑中形成,写起文章就像庖丁解牛般游刃有余。

二、习作时要以读助写

哪吒三太子凭借风火轮可谓八面威风,齐天大圣孙悟空有了金箍棒无限神通。离开了风火轮、金箍棒,哪吒、孙悟空也就失去了"神气"。大作家写文章主要凭借平时的阅读积累,否则,他们也会"江郎才尽"。中小学生写文章同样要有所凭借,凭借什么?一句话:就是阅读。学生习作时,不要忘记从读过的文章中吸取营养,并应用于写作;否则,就不能发挥阅读在写作中的作用。平时的阅读也就等于是做了无用功。习作时,就会出现抓耳挠腮、愁眉苦脸、不会写、写不出来等现象。

另外,我们在写文章时,也会遇到诸多不清楚、理解不透彻的问题,尤其是引用名言、名句或介绍说明及知识性的问题时,要注意翻阅工具书,注意查找资料,这样可以大大减少写作中的失误。

一言蔽之,同学们学习写作文,只要平时读书抓住"蓄"字,在习作时抓住"助"字,就能把阅读和写作有机结合起来,从而提高写作水平。

阅读要有目的性

目的是行动的指向和动力。明确的阅读目的是推动学生积极主动阅读的动力。三国时期，东吴大将吕蒙英勇善战，屡立战功，但由于他家境贫寒，一直生活在军队里，因此没有读书的机会。一次，吴主孙权对吕蒙说："你身为大将，但靠一身的好武艺是不能使人信服的，要多抽点时间读书才行呀！"吕蒙觉得孙权说的话有道理，从此就发愤读书，进步很快。一次，吴国都督鲁肃与吕蒙谈论军事时，发现他引经据典，把军事形势分析得十分透彻，不禁赞叹道："你已经不再是当年的阿蒙。"

吕蒙有了明确的读书目的，这敦促他发愤、进步，最后成了一个文武全才的大将，享誉三国。

现实生活中，学生的阅读目的因各自的兴趣、爱好、理想等有所不同，但总的来说，可以概括为认知和实用两种目的。

认知目的就是通过广泛地阅读，了解社会，认识自然，丰富知识，开阔视野。

实用目的则是为了自己学习、工作的需要或专业的提高，也包括提高写作水平而进行的积极阅读。伟大的周恩来总理，在少年时期就有明确的读书目的——"为中华之崛起而读书"。在这一目的的动力作用下，为中华民族的复兴而奋斗终生。

总之，明确了读书的目的，就有了一股驱动力，锲而不舍、持之以恒，阅读一定会有丰硕的收获。

阅读要读好无字的书

读书要读有字的书，也要读无字的书。写作文仅靠多读几本有字的书，还不能解决问题，这不是"源"，无字的书才是真正的"源"。多读无字的书，就会泉源丰盈，溪水自然就会流个不歇。

无字的书是指自然环境和社会生活，其中社会生活主要包括地方风俗人情、宗教信仰、人际关系、社会道德风尚等。我们要多读这本厚重的写满了自然环境和社会生活的无字大书，要把它认真读好。读好这本无字之书，不仅有助于我们作文材料的积累，而且让我们学会做人、学会合作、学会生活、学会求知。

纵观古今中外文人墨客，无不善读这本无字之书。孔子善读无字书，成就一代圣人；当代大作家路遥为写《平凡的世界》，久居陕北贫困地区，倾心研读无字之书，积劳成疾，英年早逝，用他平凡的人生创造了一个"不平凡的世界"；契诃夫每天细读无字之书，用他的笔"录"下数千万字的文字资料，完成数部撼世文学名著……

怎样读好自然环境和社会生活这本无字大书？

需要我们用敏锐的双眼去观察，带着真情去体验，开动脑筋去思维，用心灵去发现，用双耳去倾听，这样才能读好、读懂、读精，才真正有益作文、有益做人。

阅读要注意读书兴趣的培养

兴趣是人的认知需要的心理表现，它使人对事物优先给予注意，并带有积极的情绪色彩，在人们的生活、工作、学习中有重要意义。

兴趣可以调动人们认知和活动的积极性，从而以充沛的精力投入该种认知和活动；同时，兴趣也可以提高学习和活动的效率；使人们对有兴趣的事物必然优先集中注意，并增强注意的稳定性，减少分心；浓厚的兴趣还可以使人产生愉悦的情绪体验，克服倦怠和疲劳等。

世界上犹太人最喜欢读书。犹太人从小就注意教育孩子读书，他们把蜂蜜滴在清香的书页上，让孩子去吻，从而告诉孩子书的滋味是甜的，目的就是从小就培养孩子的读书兴趣。

俗话说："兴趣是最好的老师。"学生有了读书兴趣，才能以积极的心态投入到阅读之中，才能使阅读广泛而持久，才能提高阅读的效果，进而提高学生的写作水平。否则，读书就会成为枯燥无味的负担。一味强求无阅读兴趣的学生读书，只能增强学生的对抗和逆反情绪，即使强迫学生去读书，无奈的选择下，学生也会目在书中心在外，这是让学生做无用功。学生有了读书兴趣，就能把读书作为一种自觉的行动，才能做到爱不释手，甚至达到废寝忘食、不知疲倦的境界。

晋朝著名的学者孙康，小时候非常喜欢读书，常常读到深夜。但因家里贫穷，买不起点灯用的油，只好借着皎洁的月光，在月光下看书。冬天到了，他也从不间断。在雪地里借着月光坚持读书，手脚冻得麻木了，就回到屋里暖和一会儿，再出来继续读书。凭借对书的浓厚兴趣和顽强的毅力，终于学有所成。

北宋年间，宋太宗对读书很感兴趣，他要求自己每天至少要读两卷书。如果因为朝政耽误看书，就在晚上及时补上，以至常常读到深夜也不知疲倦。大臣们觉得他每天需要处理很多国家大事，夜里还要读书，实在太辛苦了，就去劝说，而他却说："我从小就喜欢读书，读书也很有趣。"宋太宗因为有浓厚的读书兴趣，所以做到勤于读书而不知疲倦。

那么应该如何培养和激发学生的阅读兴趣呢？

兴趣不是与生俱来的，而是通过后天培养和训练发展起来的。从兴趣产生的根源上来看，培养学生的阅读兴趣至关重要。

首先，要学生产生读书的内在需求，让学生明确读书是得到人生必须的智慧和知识，寻求心灵的愉悦，提高精神气质，增强学识能力的最重要途径。同时读书也教会我们学会作文，学会做人等。

其次，让学生体验到读书的愉悦感。学生读书的愉悦感是维持和增进阅读兴趣的"助力器"。对学生读书的积极行为和读书中的进步，教师、家长要给予充分的肯定和鼓励，以利于增强、保持他们的读书兴趣。

再次，让学生读他们自己喜爱的读物。给学生选择他们自己所喜爱的读物的权利，这样阅读才会积极主动，才有助于兴趣的培养。

第八讲

走进生活　教会学生体验

体验，简单地说就是个人亲身经历。它是学生作文中最直接、最具感染力和说服力，最能揭示生活现实的材料。学生有了自己实际的生活，选材从亲历入手，文章才会具有真情实感，才能影响人、打动人。

体验是认识客观事物的重要途径

"体验"一词在《现代汉语词典》中解释为"通过实践认识周围的客观事物或亲身经历"，看来对生活的体验也是人们认识客观事物的重要途径之一。陆游在《冬夜读书示子聿》这首诗中写道："纸上得来终觉浅，绝知此事要躬行。"意思是说从书本上得到的知识终归是浅薄的，真正把握事物的底蕴，必须亲身去躬行实践。书本知识是前人实践经验的总结，能否符合客观实际，还要有待实践去检验。

春秋时期，秦国有一位相马专家叫孙阳。他晚年时，根据自己多年的相马实践经验写了一部《相马经》，书中记载了各种马的形态、特征。

孙阳的儿子很想继承父业，就熟背《相马经》，以为自己掌握了其中的精髓。

一天，他在路上看到了一只癞蛤蟆，急忙走过去，趴在地上仔细端详了一阵子后，抱起它跑到家，对父亲说："爹，你看这匹千里马和书上写的一样：额角高而丰满，眼睛闪闪发光，只是蹄子不太端正，也不够大。"

孙阳看到儿子手中的"千里马"，又好笑又好气，只得幽默地说："可惜这匹'千里马'好跳跃，不能骑呀！"

这则故事告诉我们：对周围客观事物的认识，仅靠书本上掌握的知识是不够的，只有通过实践和亲身的体验，才能深入了解、正确认识我们周围的一切。

科学史上有一个典型的事例，就很好地说明了这一点：

古希腊著名哲学家亚里士多德，凭主观想象认为：物体的运动必须依靠外力的维持。但物理学家伽利略并没有因他是著名的哲学家而相信这一论断。伽利略曾多次对物体沿斜面的运动做实验研究。他注意到，如果让一个小球从一个斜面上自由滚落，它能滚到第二个斜面并能达到的高度同小球在第一个斜面上开始滚下的高度几乎相等。以后他历经多次实践得出结论：任何运动着的物体，在不受外力作用时，将保持原有的运动状态不变，维持匀速直线运动。因此，力不是维持物体运动的原因，只是物体运动状态发生变化的原因。

又如，亚里士多德又曾说过："把等重量的棉花和铁块从相同的高度向下抛落，两者下落的速度是一样的。"多少年过去了，没曾有人怀疑他的这一说法。后来，伽利略亲自做了个实验，发现结果并不像亚里士多德所说的那样。

以上两个通过实践证明的结论，彻底否决了亚里士多德统治近2 000年的理论，为近代力学奠定了基础。

毛泽东同志曾多次说过："实践是检验真理的唯一标准。"只有接触生活实际，深入到生活中去实践、体验，才能正确认识和把握客观事物。否则，就会出现像故事中的孙阳的儿子、科学史上的亚里士多德那样扭曲客观事物的本来面目。缺乏对生活的体验，使我们对事物的认识趋于片面和扭曲，就不能正确反映客观事物的全貌。我们写文章也要深入体验生活、感受生活，只有这样才能贴近生活、真实地反映生活现实，写出来的文章才有真情实感，才能影响人、打动人。

真情实感来自对生活的深入体验

没有体验就没有文学。当代著名的大作家路遥写《平凡的世界》，长期在陕北贫困地区体验生活，为此不惜倾家荡产，最后因过度疲劳和疾病缠身而不幸早逝，他用他的亲身体验创造了一个"不平凡的世界"。著名文学家茅盾，1940年访问延安，深入到解放区，体验解放区人民生活，激情创作《风景谈》，文中描绘的古朴纯净的"高原归耕"，庄严妩媚的"沙漠驼铃"，弥漫着生命活力的"延河夕照"，清新怡然的"石洞雨景"，第二自然的"桃林小憩"，粗犷刚性的"北国神号"。一幅幅画面展示了大自然的无穷魅力，真实地反映了解放区人民火热的战斗生活和崇高的精神境界。鲁迅写《我的故乡》《社戏》等，无一不是作者亲身体验生活的结果。

中小学作文中，体验应理解为对现实生活的感受、理解、寄情、记忆、想象、把握的不断反复的过程。孙犁说："对生活的体验，就是对生活的感受。生活使我们劳苦，使我们休息，使我们悲痛，使我们欢乐，使我们绝望，给我们希望，这就是体验。"只有体验过生活，我们才能更全面地审视它，更深刻地认识它，选择它，改造它，把它反映出来。

唐代有一位书法家张旭，擅长草书，被人誉为"草圣"。他创作的灵感往往来源于他对生活的体验。韩愈曾在《送高闲上人序》一文中论及张旭的艺术创作：

旭善草书，不治他技。喜怒窘穷，忧悲、愉佚、怨恨、思慕、酣醉、无聊、不平、有动于心，必于草书焉发之。观于物，见山水崖谷，鸟兽鱼虫，草木之花实，日月列星，风雨水火，雷霆霹雳，歌舞战斗，天地事物之变，可喜可愕，一寓于书。故旭之书，变动犹鬼神，不可端倪，以此终其身而名后世。

书法虽然不是直接反映生活本身，但对生活的广泛体验却使张旭"或寄以骋纵横之志，或托以散郁结之怀"，创作出"惊鬼神"的作品。而写作与书法不同，是"用生活本身的形式"反映生活，因此，作者对生活的体验更不可或缺。叶圣陶说："作文原是生活的一部分呵。我们的生活充实到某种程度，自然要说某种的话，也自然能说某种的话。""生活充实，才能表白出、抒发出真实的情思来。"这里的"生活充实"即包含着对生活的体验要广泛而深入的意思。

现实生活中，由于受时间、空间、地理位置等因素的影响，我们不能直接实地体验、感受当时的社会生活情景，只有借助调查、访问、查阅历史记载资料、图像资料等手段，了解、感受当时的社会生活情景。我们把这种体验称之为间接体验。

现代剧作家夏衍写《包身工》就是间接体验的一个很好例证：

1935年，夏衍对包身工的生活状况及日本纱厂的有关情况进行了深入具体的调查、走访，掌握了大量活生生的素材和确凿的数据。然后选取其中最具典型的材料，写出了《包身工》这篇饱含血泪的文章，真实地再现了包身工受尽欺辱、任人宰割、猪狗不如的悲惨生活。

再如，蒲松龄写《聊斋》其中也不乏间接体验，为捕捉对生活的感受，他经常早出晚归，寻访村中老人，搜集各种关于鬼的传说，最终完成生动感人的巨篇大作——《聊斋志异》。

个人的亲身经历既是我们所说的亲身体验，又是我们写作最直接、最具有感染力、说服力、最能揭示生活现实的材料。中小学生尽人皆知的当代作家高玉宝，从小就在地主周扒皮家打长工，吃尽了地主压迫、剥削的苦头。他以自己的亲身经历为素材，写出了《半夜鸡叫》。美国盲人作家海伦·凯勒写的《假如给我三天光明》，苏联作家奥斯特洛夫斯基写的《钢铁是怎样炼成的》，"中国的保尔"吴运铎写的《把一切献给党》等，都是以自己的亲身经历为素材的自传式人物写照，篇篇生动感人，或催人泪下，或激人振奋，或鼓人斗志等。

我们写文章讲究要抒发真情实感，真情实感从哪里来？一句话，就来自我们对现实生活的亲身体验。有体验，才有所感，写出来的文章才生动感人。脱离生活实际，自己关起门来"闭门造车"，凭主观想象或胡编乱造去作文，即使写出点东西也往往会让人看罢后悔。

作家写作要体验生活，目的是出产那些能感染人、打动人、具有真情实感的好作品。演员演艺也是一样要体验生活，没有对生活的亲身感受，同样演不出角色逼真、生动鲜活的人物形象。大明星巩俐原本没有农村生活的经历，为演好《秋菊打官司》中的女主角秋菊，她亲自去农村体验生活，为了捕捉人物的内心情感,甚至像地道的农村妇女一样挎着篮子走上街头叫卖鸡蛋。卓别林自编自演的《流浪汉》《产业工人的遭遇》等,之所以能让人产生共鸣,是他亲自走上街头,结识那些流浪汉;深入工厂去体验大工业生产像机器一样忙碌的工人的缘故。

对生活的体验也是我们青少年学生作文的"源"。离开了体验,我们就不可能有对客观事物的真实感受,就无法捕捉社会生活中人物角色的情感,就不能写出具体生动、富有真情的文章来。同时,没有对生活的亲身体验,也会使我们的认识趋于盲目,世界虽然存在,我们的眼前却是一片漆黑。

晋朝有个皇帝,人家告诉他老百姓没有吃的,他说:"何不食肉糜?"大家都笑这个傻皇帝。其实,我们对于现在连温饱都还没有解决,还处在贫穷生活线上人的生活,又比他知道多多少。抗战以前,北平有个教授到定县去,才发现河北乡下的老百姓并不是天天吃白面,而是吃小米,回来后很是感慨。

其实,任何一个人都有他的生活,也都有他对于生活的认识。不过一个人的生活往往非常有限,尤其是现在的中小学生,过着单调贫乏的家庭和学校生活,认识的拘囿、体验的贫乏,既不利于他们学会作文,又不利于他们学会做人,而且有时候甚至像色盲的人不能辨别颜色一样,好坏不分、是非颠倒。

我们学习写作,应该知道社会上各色人的生活,在学校学习功课紧张,这一点自然不容易做到,但可以把它作为目标,在假期慢慢朝这个方向努力。

正如团中央向全国青少年提倡的体验教育那样,让学生卖一回报纸,当一天农民、工人或营业员等,哪怕当一回家,有了实际的生活,选择作文材料从真实起步,描绘起来才会真切感人。

但在现实生活中,有些学生实际扮演过或正在扮演着不同的角色。帮助过环卫工人扫过大街;在自己家的小百货店里当过营业员;在父母经营的酒店或宾馆招呼过来往客人……体验过多种不同的生活。为什么写起文章来总是不具体生动或没有真情实感呢?归根结底,是体验浮乏、浅显,目的不明确或者是他们的体验只是为了猎奇,没有真正进入角色,等等。

体验，贵在用"心"

在现实生活中，有些同学实际扮演过不同的角色，帮助过环卫工人扫大街；在自家的小百货商店当过营业员；到爸爸妈妈工作的工厂当过工人；跟着父母耕田种地当过农民……体验了多种不同的生活，为什么写起文章来总是不够具体生动，缺乏真情实感呢？归根结底，是没有用"心"体验。

快乐作文教学法研究者储晋老师在《从此不怕写作文（全编）》一书中曾给讲述过这样一个事例：

一次作文课结束时，他给同学们布置了一道"家庭作业"：回家后给父母或者是长辈洗一次脚，下堂作文课要开展课堂作文大赛，否则一定写不出来。

第二次上课一开始，他便叫了几位同学，让他们谈谈"洗脚"的感受。结果这几位同学几乎千篇一律地先诉说端盆、调水温等准备工作，然后就是洗脚的过程。写出来的文章大都是平铺直叙的"简写式"。原因是什么呢？是他们没有用"心"去体验洗脚过程的感受，只是为洗脚而洗脚，或者是为完成老师布置的作业。可是唯有一位名叫金潇的同学与众不同：她双手捧着妈妈的这双脚，回想起儿时妈妈对自己无微不至的关怀。抚摸着脚底那道疤痕，当年妈妈背自己上医院，在雪地里被划破脚伤的情景历历在目……妈妈的这双脚联系着金潇没齿难忘的情感经历，读起来生动感人。下面我们就来欣赏一下金潇同学在为妈妈洗脚体验后所写的《爱，藏在心底》这篇文章。

爱，藏在心底
金 潇

"咦，你给我洗脚？"妈妈奇怪地问我。

"是呀，是储老师布置的，不过嘛，可别误会，我可不是无奈才帮你的呀。"

我慌忙解释道。

听了我们母女俩有趣的对话，你一定会觉得奇怪，甭急，听我慢慢给你道来。

储老师在上一次的作文课上给我们布置了一道动手题："给父母洗一次脚"。同学们一听这个题目，都大吃一惊。我也不例外，老师是出于什么目的呢？

于是，我回到家对妈妈说了，便出现了上面的对话。

妈妈终于同意了，我就打了一盆水，回来时，妈妈已经准备好了。我帮妈妈洗脚的时候，一眼看见她脚板上的那道伤痕。我的思绪不禁回到了五六年前。

那一年，因为我带病堆雪人而发高烧，妈妈顾不得天气的寒冷，连鞋都没有穿，便跑进雪地里，我很重，妈妈背着我走得很吃力。突然，"哎呦"一声，妈妈的身体晃动了一下，我感到不妙，便问妈妈，妈妈只是轻描淡写地说"没事"。

回到家中，我发现妈妈的脚底有一道伤痕。便问妈妈，妈妈告诉我这是背我时划伤的，当时，我还觉得天经地义。想到这里，我情不自禁地流下眼泪，为自己，也为妈妈。或许你会认为不值得，可是，你想过没有，妈妈，她为了儿女忍受着身上的痛，这难道不令你感动吗？妈妈，只是众多母亲的缩影。她们或许对子女很严厉，但，她们是爱我们的，只不过，她们的爱是深藏在心里的。

我终于明白了……

从作者金潇这篇文章我们看出：我们给父母洗脚时，我们双手捧着的每一双脚，都有一个长长的故事，联系着儿女和父母难忘的情感经历。这一切，我们唯有用"心"才能体验出来。

由此看来，我们只有用"心"体验生活，才能真实感受生活，写出真情实感的文字。

教会学生体验

那么怎样才能教会学生体验生活呢？

首先，要进入生活的角色。体验生活不是为了猎奇，要真正走进生活的角色。如跟爸爸上一天班或者干一天农活，要了解父亲的职业特点，体验父亲工作的辛苦；在家庭中"当一天家"，要体验到父母处理日常家务的繁琐和勤劳；当一天营业员，要懂得语言文明、微笑服务、热情耐心是最起码的职业规范……只有真正实现从学生到工人、农民、营业员的角色转换，才能认识、感受他们的生活，写文章才能再现所扮演角色的真实感受。

我当了回"小老师"

沈佳柔

寒假里，表弟到我家来玩。

表弟对什么都好奇，那天他从我的房间里翻箱倒柜地找出了一副象棋，歪头歪脑地打量着它，心想这怎么玩呢？我见表弟对象棋那么感兴趣，便说："姐姐教你下象棋，怎么样？"表弟拍着手高兴地说："学象棋啦！"

我拿出棋盘和棋子先教如何摆棋子，我边做边说："这五个卒子摆在自己一边的第二行，每隔一格摆一个；两个炮各摆在第三行的第二格上……"表弟开始听得还可以，听着听着就不耐烦了，居然折起了纸飞机。我便停下来耐心地说："学习什么都要认真，要有耐心。"还给他讲了一个学棋的故事，并告诉表弟如果不认真听，就会和"故事里不认真听课的学生"一样什么都学不成。表弟听了立即收起了纸飞机。

接着我又讲了每个棋子的走法，如："相飞田""马走日"等。我还特意提醒他：走"卒"时，切记在没有过"楚河"前，只能向前，不能横走或后退，但过了"楚河"，可以横走，却不能后退。我讲得口干舌燥，抬起头来喝口水润润喉咙，发现表弟虽然不折纸飞机，但又吃起"妙脆角"来。我气得正想斥责表弟不好好学习，但转念一想：肯定是象棋的下法枯燥无味，表弟年纪小觉得不好玩，批评他只能让他产生逆反心理，激发不了他学习象棋的兴趣，得给他搞点"刺激"。我想了想便抓起一把果冻笑眯眯地对他说："只要你认真学习，今天不管你学会还是学不会，姐姐都给你好吃的。"表弟一见我手中的果冻，眼睛一亮，好似在暗暗下定决心：得好好听姐姐讲课。

我反复强调了下棋的要领，还教了他一些绝招，如，"双车将""士角炮"等。表弟虽然似懂非懂，但还是摆好了棋子，准备和我"杀"一盘。

在下棋的过程中，表弟把"马走日"变成了"马飞田"，把"车走直"变成了"车打隔子"，这都说明了表弟概念不清。我又把各种棋子的走法重新给他讲了一遍，直到表弟懂了，完全掌握了，我才收好棋子继续做我的作业。

这回当"小老师"收获可真不小，既学会了循循善诱，又锻炼了我的耐心，同时，看到自己的辛勤"劳动"有了"结果"，更是喜不自胜。

小作者当"小老师"不是感觉刺激、好玩，而是真正进入了教师的角色，有了当"小老师"的体验，文章中我的"教学行为"很自然地反映出鲜明的教师形象和职业特点。

其次，要学会观察生活。观察生活必须做生活的有心人，处处留心，时时在意，充分调动自己的各种感觉器官去感知生活，激活内心的热情，体味生活的真谛，练就一双"善于发现美"的眼睛，你才能准确把握人或事物的特征，你才能从一草一木中察觉大自然的美好，从一言一行中感知人物的内心世界。就如著名作家茅盾先生所说的那样："无论走到哪里，你都要竖起耳朵，睁大眼睛，像哨兵似的警觉，把所见所闻都记下来。"这样你还愁作文没有材料可写，写出的文章不具体、不形象吗？关于观察生活我已经在第六讲内容中做了详细地介绍,在此不再赘述。

再次，要学会感受生活。譬如，看到山上桃红柳绿，感到自己如同置身于一幅春意盎然的图画之中；听到山林中画眉鸟百啭千啼，感到林间鸟儿叫得更加婉转悦耳，因而向往无拘无束、自由自在的生活；生活中一次小小的打击也会万分颓丧，让你觉得"我的世界开始下雪了"；失意后看到片片落叶也会忧伤，让你产生"为什么受伤害的总是我"的感慨。再譬如，你要体会邱少云被烈火焚烧却纹丝不动的刚强意志，你只要想想自己平时不小心被火柴、炭火烫伤的那种感受，就会很快体会到邱少云的痛苦，自然就可以想象到邱少云的刚强意志等。你有了这样的感受，写文章就不愁无情可抒了。

父亲为我撑起一片蓝天

扬州考生

台下掌声经久不息，站在领奖台上，拿着书法获奖证书的我激动不已，但此时我仅想对父亲说："谢谢您，我亲爱的爸爸！"

从小我便是一个淘气的孩子。闲了，不是上树捉知了，便是下河捕鱼虾。闷了，总忍不住在父亲的纸上画几个小人儿。为培养我的"定力"，父亲便叫我抓起了毛笔，谁知这一抓，便已越过了八个春秋。

在父亲的帮助下，在区里的比赛中我荣获三个第一名、一个第二名的好成绩。心中不免沾沾自喜："爸，你以后别让我参加什么比赛了，我一出马，第一到家。"父亲笑了笑，带我去参观了解省里举行的少年书画展。看到墙壁上的精美书法，我才明白什么叫井底之蛙，父亲领着我一幅一幅地看，有的字气魄宏伟，有的字清新淡雅，有的字如挺拔的高山、汹涌的大海，有的字如山中的小溪令人回味无穷。父亲笑着问道："怎么样？"我握紧了父亲的手："爸，回家摆开笔墨，我可不甘于人后啊！"父亲又轻轻地笑了。

"提笔即是练字"，父亲总是这样教导我。夏天，烈日炎炎，我却在四方台，任笔墨挥洒，父亲也关掉了电扇、空调，在桌旁对我细心地指导："练字是要用心去体会，这样才会有所长进。"冬天，寒风刺骨，父亲总在我身旁，帮我去洗笔，却忘了自己手上的冻疮。每次写字，他总不忘提醒我："人要像这字，要稳重，要四四方方呀！"我懂父亲的心。

这回在省书法交流赛中，我又拿奖了，父亲在台下望着我，脸上依旧挂着那和蔼可亲的笑容。谢谢您，我亲爱的爸爸，感谢您为我撑起了这一片笔墨的芳香，撑起了这一片我的蓝色天空！

作者在生活中有了真实感受，笔下反映父爱的文字读起来才会让人为之动情。

要学会思考生活。面对生活中出现在你眼前的事物或者亲历的活动等，你要动脑想一想，多问自己几个为什么？譬如，你看到一落叶，你要想：这落叶意味着什么？你由落叶想到了什么？这落叶对你有什么昭示和启迪？这样思来想去，你就能从看似平淡的落叶中透视出人生的哲理，感悟出生活的真谛，等等，这样你才能写出有思想、有深度、有内涵和意蕴丰富的文章来。

钢笔风波

张 磊

"不好……不好啦！我新买的钢笔不见了。"张丽"腾"地起来，喊上了。"呼啦"一下围上了好多同学，争相问她发生了什么事。她慌慌张张，语无伦次地说："我下课做完作业把钢笔放在桌上，上了一下厕所，回来就不见了。这是我爸爸给我买的进口笔。"还没说完，便"呜……呜……"哭了起来。

"这么短的时间，钢笔不翼而飞，我看肯定是有人偷去了。"快嘴韩小虎插上了话。"有人偷？你没看见一下课，我们都出去玩了。"徐冉冉有些不服气，急忙争辩。"这倒也是。我说张丽，你记得清楚吗，是不是你收起来了，或者根本没带，我们可都不在呀！"胆小的施平康赶紧声明。"没有，我敢肯定，做完作业放在了桌子上了……就是放在桌上的嘛！"张丽一边擦着眼泪，一边强调。同学们的议论声变大了。

张丽是我们班的"大款小姐"，家庭条件好，用东西讲牌子而且任性。和她同桌的吴真却截然不同。吴真父母离婚，跟着爸爸，爸爸单位效益又不太好，在我们班她是靠大队部资助的贫困生。同学们的争论，她都听见了，奇怪的是她一句话也没说，低着头，翻着书。

"噢，吴真，你看到笔了吗？"韩小虎像发现新大陆似的，急忙问道。这一问，同学们都把目光移向了吴真。"对呀，这段时间，就吴真离张丽的位子最近，只有她清楚。吴真，你说呀！"同学们三言两语地催着她。"你快说呀，他们怀疑你啦！"我坐在后排替她着急，她却看也没看我们。这下，同学们议论声更大了。"吴真不说，是不是……""下课了，就她一个人在位子上，发生的事只有她知道。""她家里穷，说不定她看到张丽笔好，就……"听到这话，我再也忍不住了，"唰"地站了起来，拨开人群说："吴真一直在看书，根本没碰张丽的笔，难道只要家里条件不好，就会干那事！没证据，别乱怀疑。"我几乎喊了起来。同学们一听，都没趣地散开了。吴真此时伏在桌上，我能隐约地听见她抽泣的声音。

事后得知，张丽的钢笔是放在本子上的，风吹本子，翻动纸张，滚动了钢笔。

也巧桌上有一条大的裂缝，钢笔掉进了桌子里，直到放学时，张丽自己才发现的。

"钢笔风波"虽然过去了，但我感觉到这种社会上的势利眼似乎也侵蚀到我们小孩了……

"丢钢笔"的现象在同学们身边时有发生，大多数同学往往认为是微不足道的小事，而不去写。在作者张磊的笔下，却掀起了一场不大的风波，真实、生动地再现了当时的场景，作者并由事生想，引发思考，从小事情折射出学生群体中存在的不良倾向的大问题——社会上的势利眼似乎也侵蚀到目前的小孩子。

总之，我们有了观察的材料积淀，有了对生活的感受和思考，作文就不再是空话、套话连篇，而是闪耀着思想的光辉，涌动着真挚的情感，作文的语言也不再苍白无力，而是充满着生命的质感。

最后，愿同学们经常深入生活，学会体验生活、感受生活，在体验中学会作文、学会做人、学会做事、学会求知、学会合作，为自己写好文章和健康成长铺就一条绿色的通道。

第九讲

文贵求新　教会学生思维

哲学观点认为：语言是思维的物质外壳，思维是语言的内在基础。思维活动贯穿于用语言表情达意的作文过程的始终。由此来看，一篇文章有无新意，很大程度上取决于思维是否创新。

思维是人类认识的高级阶段

思维是人们认知过程的高级阶段。思维是指人脑对客观事物间接的、概括的反映过程。人们通过这种间接、概括的反映，把握某一类事物的共同特征、本质属性和事物间的内在联系，发现事物间的发展规律，从而深刻地认识世界，并在此基础上实现改造世界、造福人类的目的。

思维的间接性、概括性特点，给人们的认识带来巨大的优越性。它能使人从个别中看到一般，从现象中揭示本质，从偶然中发现必然，从现状中推断过去、预见未来，使人们的认识得到扩展和深化，从而构成了人类智慧的核心和支柱，使人类的心理水平达到了任何动物都远不能及的高度。

生活中，我们看问题、想事情、做工作不能停留在观察、体验的感性认识阶段，这样往往容易导致我们对客观事物产生错误的看法和判断。

《史记·仲尼弟子列传》中，有这样一则故事：

据说孔子有弟子三千，宰予就是其中的一个。他能说会道，巧言善辩。起初孔子对他的印象很好，但渐渐孔子发现宰予这个人的品德欠佳又很懒惰。

在众多弟子中，还有一个叫子羽的人，他体态和相貌都十分丑陋。因此，孔子认为他资质低下，以后也不会有什么大作为。但子羽致力修身，处世光明磊落，并且从不逢迎巴结朝中的权贵。后来他到长江一带游历，跟随的弟子有三百人之多。

孔子听说后，感慨地说："我单凭言辞来判断一个人的品德，结果错看了宰予；我单凭相貌来判断一个人的能力，结果又错看了子羽。"

大圣人孔子凭着表面现象的观察，尚且做出了对宰予、子羽的错误判断，何况我们青少年学生呢？由此看来，观察、体验的感性材料如果不经过思维的加工、提炼，就不能如实反映客观事物的本来面目。我们对客观事物的认识要知其然，也要知其所以然，要知道事物的前因后果、来龙去脉，只有通过思维活动这一高级认识活动才能实现。

思维活动贯穿作文过程的始终

我们写文章，写一个人，写一件事，也不能停留在对要写之人、要记之事表面现象的肤浅认识上，写一个人要透过现象看本质；记一件事，要摸清、吃透事情的前因后果。但要做到这一点，离不开大脑的积极思维活动。

其实，我们写文章的过程就是一个思维活动的过程。学生的作文过程从审题到立意、选材、布局谋篇、推敲语言，自始至终都离不开思维活动。就拿审题来说，当命题作文的题目呈现给学生时，学生要对题目认真审阅，明确题目的要求，只能写什么，可以写什么，对作文题目做出分析，这样做的目的，再揭示题目的本质，再看看选材和立意。当大量的材料出现于脑际之后，必然要对这些材料作一番分析、综合、归类、比较、抽象、概括的工作，通过这一系列的思维活动形式，抓住材料的本质，完成选材立意、布局谋篇工作等。由此看来，思维活动伴随着作文过程的始终，离开人们的思维活动，作文就是一纸空文。

让我们先分析一个选材练习的例子。

节约用水

暑假的一天傍晚，我和王明、刘江在楼前边聊边玩儿。忽然我看见住在一楼的李大哥从窗台上拽出一根又长又粗的黑胶皮管子，然后走进屋去。四五秒钟后，清澈的自来水"哗哗哗"地从管子口流出来。李大哥出来后，举着胶皮管子，哼着小曲，往前走了几步，浇起自己养的五颜六色的鲜花，同时还不停地从前到后、从上到下地冲洗着放在一旁的他的小汽车。十分钟后，地上的水汇成了一条小溪向远处流去。

我看不过去，就三步并作两步走到他的身边，说："大哥，您这样做，多浪费水呀，是犯法的！"他白了我一眼，"犯法？哪家子的法？我交了水费，用多少水是我自己的事。"说着，又往自家的窗台、护拦上喷起水来。

王明、刘江见李大哥根本不听劝告，就招呼我过来，刘江低声说："咱们班不是开过'节约用水,从我做起'的主题班会吗?走!跟他讲讲道理,不信他听不进去!"我们一起走过去,你一言,我一语地说起来。

李大哥听了我们的话,不好意思地说:"言之有理,以后我再也不浪费水啦!"说完跑进屋,赶紧关闭了水龙头。

资料1:世界各国按水资源量大小排队,前几名依次是巴西、俄罗斯、加拿大、中国、美国、印度尼西亚。按人口平均,中国人均水资源量相当于世界人均量的1/4。

资料2:世界各地居民,由于生活水平和生产方式不同,每人每天的平均用水量差别是很大的,美国是600升,中国是208升,巴勒斯坦是70升……

资料3:用高压喷枪远远地对着汽车猛烈地喷水,洗去表面灰尘和污垢,这是落后的洗车法。洗车后的污水直接排放掉,污染江河水源。

资料4:不明白"节水"含义的人,认为节水是限制人用水,其实,节水是合理用水、高效率地用水。

资料5:平时刷牙、洗脸、冲马桶、饭后洗碗等用水,也要讲究节约。

资料6:大家都知道有上水道、下水道,却不知道有中水道。这种水道输送的既不是上水道清洁的自来水,又不是下水道污秽的脏水。

资料7:1988年人大常委会通过的《水法》规定:水资源属于国家所有。人人都应当具有节水意识。

这是一则选材练习,三个少先队员要去说服一名对水源几乎一无所知的李大哥,使他最终接受孩子们的意见。那么选材时,要逐一分析每一项资料的内容是什么,看一看那些资料与文章的主题不相关,作初步筛选。譬如这里的资料5、资料6两项与文章要表达的主旨不相关,可以不选。对入选的资料也要作比较、鉴别,看看哪些资料是重要的,应先写、细写;哪些是次要的,可以后写、略写。对提供的资料加以综合整理使之成为文章的有机组成部分。从这一过程可以看出:分析、比较、综合等活动是选材过程中最基本的思维活动。

(该文选自北京市教育学会交流论文2002年12月)

由以上叙述,我们不难看出,思维活动在学生作文过程中的重要作用。

写文章不能拘泥于常规思维

常规思维是指用惯常的方法、固定的模式来解决问题的思路方式。常规思维在解决经常出现的类似问题中有重要作用，它可以减少时间和精力的消耗。

学生作文的过程一般是常规思维的过程，学生作文中习惯于用常规思维解决作文中的问题。如老师给出一个命题作文，题目《诚信》，学生在审题时，先得弄清题目的意思。"诚信"即"诚实守信用"。还可以作进一步的分析，"诚实"即"言行跟内心思想一致；不虚假"；"守信"即"讲信用，不失信"，两个意思合在一起，就是"怎样说就怎样做；讲信用，不失信"。这样一步一步深入分析，从而明确题目对写作的限制，即可以写什么，只能写什么，这一过程就是常规思维过程，即按照人们对客观事物的一般认识规律解决问题的过程。

日常生活中，人们也常常习惯于常规思维。但这种思维缺乏主动性和创造性，使人趋向于用老眼光看问题，一旦遇到新事物往往会产生某种障碍作用。如"见一叶落而知天下秋"。其实，现实并不完全是这样的。就拿我们国家来说，我国疆域辽阔，气候也会因地域不同而不同，当中原地区已是落叶满地的深秋，广东沿海地区还是暑热难耐，而东北地区早已白雪皑皑等。由此看来，常规思维有一定的局限性。

学生在常规思维的过程中作文，常常能做到中心明确、内容具体、条理清楚、详略得当、切题切意等，但也往往因倾向于"常规"，而缺乏独创性。

凡事习惯常规思维，往往会使人趋向于墨守陈规。近代史上的两次世界大战中的一些将帅的兴衰便是明证：

在第一次世界大战中，出现了不少杰出的军事将领，面对他们的赫赫战绩，谁又能怀疑他们的前途呢？然而仅过了20年，到第二次世界大战期间，这些靠常规思维指挥战争的将领在全新的作战方式面前却束手无策，其中有的竟在敌军面前举手投降。如法国的以贝当元帅为首的那批将领，在第一次世界大战中，贝当指挥过著名的凡尔登大战，称得上叱咤风云的人物。然而，在第二次世界大战中，他却无法指挥这场全新的战争，于是当希特勒军队的铁蹄一踏入法国领土，他便与手下将士一起背叛了法兰西民族。常规战争的思维葬送了贝当的前程，同时也毁了一个国家。

后来，拯救法国的是贝当的学生戴高乐。戴高乐在军事学院读书时，就预见到未来战争将采取全新的作战方式和作战武器，他在《未来的军队》一书中预言，未来战争将是装甲部队横行的机械化战争，并提出了以装甲集团军配合空军为主要战斗形式的大纵深军事思想。由于戴高乐较早地冲出第一次世界大战时期确立的军事思维常规，加上他的勇敢和坚毅，使他在第二次欧洲军事大较量中能力挽狂澜，为法兰西民族赢得了荣誉。

再如美国著名的巴顿将军也有类似的经历。早在1938年，他当骑兵团长时，曾把骑兵组编成机枪预备队，演习时命令他们从头到尾步行，在当时，美国还抱着"神圣骑兵"的信条，不少人称巴顿的演习是"荒唐"的，甚至有人攻击他是"疯子"，是"骑兵的叛逆"。对此，巴顿不予理睬，他对参谋人员说："不管那些老顽固对未来战争中的骑兵的前途如何高谈阔论，我还是要对你们说，当战争来临时，在美国军队中不会有几匹马的。"不久，战争爆发，证实了巴顿的预言，而那些墨守陈规的老将们则受到轰轰的坦克群和飞机的无形的嘲讽。

我们写文章离不开常规思维，但不能习惯于常规思维，要敢于求新、求变、求异，这样写出来的文章才具有独创性，否则，就会平淡无奇，甚至味同嚼蜡。

逆向思维，作文出奇制胜的法宝

人们在解决问题的过程中，有时用常规思维方法难以找到解决问题的途径和办法，致使很多本来可以解决的问题，也被人们看成是无法做到、难以解决的问题了。如果反向去思考，问题解决的途径和措施就豁然开朗了，我们就把这种思维方式称为逆向思维。

有这样一个事例：

美国一家大百货公司，门口公告牌上写着："无货不备，如有缺货，愿罚款10万。"一个法国人很想得到这10万美金，便去见经理，开口就问："潜水艇在什么地方？"经理带他到18层楼，当真有一艘潜水艇。法国人又说："我还要看看飞船。"经理又领他到第10层楼，果然有一艘飞船。法国人不肯罢休又问道："可有肚脐长在脚下的人吗？"他以为这么一问，经理一定会被难住。经理的确抓耳挠腮，无言以对，这时，旁边的一位店员应道："我就是。"说着做了一个倒立的姿势。那个法国人哑口无言，只好灰溜溜地走了。公司职员巧妙运用逆向思维，为经理解了围，也因此避免了给公司带来的损失。

我们写文章，同样会遇到从常规思维方式看似无法解决或难以解决的问题。如有些作文题目从字面上分析，从正面上思考，恐怕是绞尽脑汁也找不到突破口。但是如果运用逆向思维，换一个角度去考虑，就会出现"山穷水复疑无路，柳暗花明又一村"的景象。

我在一堂作文课上，给出了一个《西瓜皮》的命题作文，文体不限。大多数同学却是手托下巴，紧皱眉头，一脸苦色地说"没东西写"。习惯于常规思维的学生，从常规思维的角度去考虑，西瓜皮不就是垃圾，有什么好写的。从常规思维的角度入手去选材，显然是感到素材不足。

就在学生愁眉难展之时，我引导他们从反向（逆向）去思考。学生的思维快速活跃起来，头脑中捕捉到西瓜皮能美容、做菜、雕刻、加工成饮料、做喂猪的饲料等生活中的很多用途。写出来的文章文体各异、内容独特、新颖。

再如写《古老的周口》这个题目，从字面上看，是写周口的古老，而究其实是要反映古老周口焕发的新风貌和改革开放给周口带来的巨变。写《一件小事》，其实是写一件小事反映的大问题、大现象。写《一个平凡的人》，其实是要写他不平凡的事迹等。掌握了逆向思维的方法，学生一旦遇到类似题目，能迅速穿透文题表面的障碍，很快入题，完成审题、立意的过程。

逆向思维即"颠倒过来想一想""唱唱反调"。古人作文作诗中称之为"反弹琵琶"，即专门从事物相反的对立面去思考，这是同学们作文创新的最常用办法。平时写作文，运用这种"反弹琵琶"的方法，去审题、去立意、去选材，作文就会给人以全新的感觉。我们不妨从下面的两篇例文中来体会逆向思维在作文创新中作用。

说说"三天打鱼，两天晒网"

瞿 莉

"三天打鱼，两天晒网"这个俗语，人们总以为是贬义词，说它是"比喻学习或工作缺乏恒心，时常中断，不能坚持不懈"。其实，"三天打鱼，两天晒网"也不完全错。

"三天打鱼，两天晒网"是一种科学的学习方法。现代医学证明，当神经系统和运动系统疲劳的时候，应该进行充分的休息，以利于功能恢复，从而提高效率。心理学上的"艾氏遗忘曲线"也告诉我们，适当的休息所造成的学习上的间隔，有利于增强记忆力。如果一个人忙于学习而不注重休息，那他是不会出色地完成任务的。只有在紧张的学习之余适当的休息，好比"打鱼"间隙的"晒网"，才能达到事半功倍的效果。

古今中外许多卓有成就的人往往十分注重休息。著名文学家老舍先生生前酷爱养花，他用养花来调节嫉妒亢奋的大脑神经，正是注意时常"晒网"，他才有充沛的精力写出《骆驼祥子》《四世同堂》等名篇巨著；伟大的物理学家牛顿进行科学研究可谓是废寝忘食，即使如此，他也有一个饭后散步的好习惯，让疲惫不堪的大脑有片刻的轻松，不至于"破网"，可别忘记了，牛顿正是休息时发现"万有引力"定律的。

我们有些同学根本没有意识到"晒网"的必要性。一下课，他们不是走出教室呼吸新鲜空气，而是埋头赶作业，结果弄得下一课心神不定，特别是临考前，有些平时能劳逸结合的同学也一改常态，开夜车，战通宵，把"晒网"之事抛到九霄云外，等上考场要他"打鱼"之际，却因不常"晒网"而使鱼儿"漏网"，造成终生遗憾。

列宁曾经说过："不会休息的人就不会工作。"同样，不会休息的人也不会学习。"三天打鱼，两天晒网"的重要性可见一斑。当今知识爆炸之际，中国新世纪人才将在吾辈出现，尤其应处理好学习与休息的关系。

"三天打鱼"需要"两天晒网"，切记！

在人们的潜意识里，"三天打鱼，两天晒网"这一俗语一直是贬义词，而作者却"正调反唱"赋予它新的解释，将贬义翻成褒义，给人耳目一新之感。

开卷未必有益

蓝 蓝

自古以来，大家都一致认为开卷是有益的。但在当今社会，开卷难道就百分之百有益吗？大家都认为书是个好东西，其实不然。好的书会让我们增长见识，但坏书却让人读了犯糊涂，去做一些违反法律的事。这可以说是"读书丧志"，要是这样，怎么能说开卷一定有益呢？

"开卷有益"这句话自从宋太宗赵匡胤说过以后，至今已有一千多年了。千年以来，它为无数人所接受，口耳相传，奉为至理名言。父母对子女、长者对晚辈常常要教导或督促他们"好好读书"，认为只要读书就会获得知识，得到好处。因此，人们常说："书中自有千钟粟""书中自有黄金屋""书中自有颜如玉"。

其实，开卷是否有益是要看读的书的好坏而定。读好书，开卷便有益；而如果读那些不好的书，开卷就不仅无益而且有害。近年来我们的书刊市场上出了许多好书，但也出了不少坏书。你到大大小小的书店、书摊、书市去走走看看，随处都能找到几本坏书。什么《鬼吹灯》啦，什么《自杀方法》啦，什么《面子学》啦，什么《坏蛋是怎样炼成的》《我是流氓我怕谁》，等等，这类教人学坏的书，对青少年读者只有毒害和腐蚀作用，而无任何益处。至于那些宣扬各种消极颓废、玩世不恭的思想情趣的书，表现黄色腐朽的生活方式的书，那就更是开卷有害的了。讲开卷有益的人，他们本意就是讲的读好书。但是，现在的世道上，也的确有某些人为了某种目的,把坏书向世人特别是青少年推销。他们也说开卷有益,可那却实实在在是对读者有害。现在的青少年,大多有强烈的上进心和求知欲,爱好读书,但他们往往欠缺辨别力。我认为,我们的大众媒体知名专家青少年导师们有责任经常提醒他们读书一定要多读好书,至少要读无害的书,而绝不能去读坏书。

有的同学读书不加选择,要么是刀光剑影的武侠,要么是花前月下的言情,更有甚者沉迷于反动的、腐蚀身心健康的黄色书刊,"开卷"则废寝忘食,爱不释手,不但荒废学业,更令人痛心疾首的是走上邪路。

现在的同学可能都喜欢看武侠、言情之类的小说、书刊,有时会达到废寝忘食、手不释卷的程度,他们一旦着迷,便会走火入魔:上课一心只想着书,没心思学习,成绩就会一落千丈。还有些青少年被书中的一些情节所吸引,模仿书中的人物行为,走向犯罪的道路。这不是看书害了自己吗?

汉代刘向曾说过:"书犹药也,善读之可以医愚。"书既然是药,就具备两种功能:一是良药,药到病除;一是毒药,置人于死地。菲尔丁说过:"不好的书,就像不好的朋友一样,可能会背叛你。"别林斯基也曾这样告诫我们:"不好的书,告诉你错误的概念,使无知者变得更无知。"这就告诫我们:对于那些表现低级、庸俗趣味的"卷",我们一定要提高警惕,增强免疫力。

因此,我认为开卷未必有益。我真心地希望,每位同学都能有选择地看书。而不要因为看错了一本书,将自己引入歧途,毁了自己的一生。

从宋太宗赵匡胤时期起,"开卷有益"的说法,口耳相传至今已有一千多年,可是作者却从逆向思维的角度提出"开卷未必有益"的观点,并列举大量事实加以论证,给人以耳目一新之感。

总之,逆向思维是作文创新的一种重要方法。运用它可以使文章产生"出奇制胜"的艺术魅力,收到"耳目一新"的艺术效果。作文时运用"反弹琵琶"的逆向思维方法会帮你打开一片新天地,就能让你写出"人人心中有,而人人笔下无"的独有新意的好文章。

发散思维，作文创新的秘密武器

发散性思维亦称求异思维，是指根据已有的信息，从不同角度、不同方向，从多个方面寻求多样性答案的一种展开性思维活动；是一种无一定方向和范围，不墨守陈规，不拘囿于传统方法，由已知探索未知的思维活动；是创造思维的主导成分。

流畅性、变通性、独特性是发散思维的重要的特征。

流畅性是指单位时间内发散项目的数量。项目越多，反映越迅速，思维的流畅性越好。

变通性是指发散项目的范围。范围越大，变通性越大。例如，在智力测验中问儿童砖头的用途，有的儿童说，可以盖房、砌墙、垒炉灶，但这都是朝向一个方向发散；另有儿童说，可以盖房、可以当自卫的武器打狗、可以压在场院盖谷物的塑料布、可以垫在坡路上向下滑的车轮下防止车轮下滑……显然后一个儿童发散的思维范围广、变通性大。

独特性是指发散项目不是重复别人的意见，而是自己独特的思想和独创的见解。

发散思维有助于产生新颖、独特的思想，但发散思维不能脱离聚合思维而单独发生作用，它必须与聚合思维结合起来，才有助于创造成果的产生。发散思维是从某一发散点出发的，这一发散点就是问题的任务和要求，发散思维不能离开这一任务和要求，在发散过程中，还必须经常与任务、要求相对照，并从多种解决问题的方案中选择最佳方案，以利于问题的解决。这种集中、聚合思路的思维过程就是聚合思维。在文章的创造过程中，发散思维和聚合思维是相辅相成、交替进行的。一篇文章写作过程要经过发散到聚合，再从聚合到发散，多次循环，才能完成。

发散思维使人们冲破传统思维定势影响，尽可能从多方面、多角度、多层次、多视角思考同一问题，从而找出多种解决问题的答案。有人把这种方法比喻成"撒水喷壶式"的思考方法。例如，解决如何上树摘果子的问题，答案不只一个，可以爬到树上去摘，可以用杠子打，用力摇晃树，站在凳子上摘……又如，当一个人在陌生的城市里迷了路，可以设想多种解决问题的方法：向行人问路，买一张城市交通图，或者通过自己熟悉的电话咨询，等等。

生活中有许多事情借助老眼光和常规思维去看问题、想事情，或者只从某一个方面去考虑问题，常会使人走进死胡同。"此路不通，彼路通"，通过发散思维打破原有模式，拓宽思路，另辟蹊径，就会有出乎意料的收获。

有一个德国工人在生产一批纸时，因不小心弄错了配方，生产出了大量不能书写的废纸，因此被老板解雇。失业后的他，情绪低落。一位朋友劝解说：把问题变换一种思路看看，说不定能从中找到某些有用的东西。不久，他欣喜地发现这批废纸吸水性很好，质地很柔软，用它不仅可以吸干家庭器具上的水分，而且是做手纸的好材料。于是他把这些纸切成小块，并取名"吸水纸""卫生纸"，拿到市场上销售，竟然十分抢手。后来他申请了专利，并组织批量生产，因此发了大财。

这个事例很好地体现了发散思维的变通性、独特性、流畅性的特征。看来做任何事情不能总按老规矩、老习惯去办，按老脑筋去思考，否则，就会被问题所困。俗话说"变则通"，"变"才能找到出路，取得成功。

我们写文章，常常遇到"没东西写"或写不下去的情况，碰到这种问题，不妨从多角度去考虑，通过多种途径去寻找解决问题的措施，这样就能抓住一点生发开去。

下面的两篇例文，就是发散思维生发的佳作。

春天是这样丰富多彩的

春天是如此美好，却又是如此短暂。于是，春天引发了人们许多感悟，但是，春天到底是什么呢？什么是春天？

作家告诉我，春天必然曾经是这样的：一把雪再也撑不住了时，"扑哧"一声，将冷脸笑出花；一首清新的歌便从云端唱到山麓，唱入低低的荒村，唱入篱落，唱入一只小鸭的黄蹼，唱入新谢的春泥——软如新翻的棉被的春泥，那样娇嫩，那样敏感，却又混沌无涯。一声春雷可以无端地惹哭漫天的白云，一声杜鹃可以斗艳一城的杜鹃花。春天就是这样让人莫名其妙，又美得让人心平气和。

这是作家眼里的春天。

北京城里的一位老者告诉我：春天，就是柳絮。一阵风，每棵树都会吟出一片白云飘渺，说也说不清、听也听不清的风絮，每一丝飞絮都是一株树的分号，小伙子你懂吗？

看着老者的白发，我似乎明白了他的春天。

语文老师对我说，关于春的名字必然曾经是这样的：在昆虫噬草时猛然感到的多汁，一个孩子在放风筝的时候猛然感到的飞腾，一双手，在溪畔，在塘畔，在江畔浣纱的手猛然感到的水的血脉……当他们惊讶地奔走相告的时候，他们决定将嘴噘成吹口哨的形状，用亲切的耳语为这季节命名——春。孩子，这就是春。

哦，这是语文老师心中的春天。

一位饱经战火的老将军对我说，春呀，是这样的：满塘叶黯花残的枯梗抵死守着一老根，北地千宅万户受尽风欺雪扰犹自温存地抱着一团空虚的燕巢，然后，忽然有一天，桃花将山村水郭攻陷了，柳树占领了皇室的御沟和民间的江头，春有如旌旗鲜明的王师，因人们长期祈祷而美丽起来。

这是胸前挂着功勋的老将军的春天。

孩子告诉我，春天到了，鸟儿又可以开始丈量天空了，有的丈量天的蓝度，有的用双翼丈量天的广度和深度，可是所有的鸟儿的数学肯定不及格，要不，她们唧唧喳喳地算了又算，核了又核，为什么不宣布最后的结果呢？

我问了一位农民，春天是什么？他什么也没有说，蹲在田埂上，看着眼前刚翻的新泥，"嘿嘿"地笑了。

什么是春天？每个人都有自己的看法，都有自己心中的春天。但是，每个人的春天都充满了希冀，充满了生机，尽管它经过了严冬的摧残。不是吗？去深圳那块中国总设计师邓小平同志的画像前，你去问一声：什么是春天？他会微笑地看着你，仿佛在说：中国的发展就是春天。

春，含义如此丰富，你的看法呢？什么是春天？我肯定，在你的心中，那一定是个充满憧憬的春天。

春天到底是什么？什么是春天？作者运用发散思维，从多个角度、多个层面，展示了不同人心目中不同的春天。

1+1的答案

刘 洋

都市的下午，你在路上随机找人发问，请他说出1+1的答案。谁都直觉地认为这是个无聊的文字游戏，因而想找到一个令你失望的答案，为了证明自己不是白痴，答案是2的可能性不大。

转着流程尺的程序设计师习惯地用二进制回答：1+1等于10。

经济系的当然要使用有限的资源发挥最大的功能，他们的答案是两个1所排列出的最大值：11。

教导主任说："等于2，当然等于2。抽一根烟记一个大过，抽两根烟就是两个大过，绝不打折。"

法学教授的想法是这样的：民法中常常是1+1还等于1，譬如有关连带债务的规定。

测字先生推了推老花镜，眯着眼说："一加一等于王嘛！"

而那位赶场应酬的政治家匆匆地表示："1+1可能等于2以外的任何数字。"他吞了吞口水，抽出白手帕沾沾前额，"但是我也不排除等于2的可能"。

后来觉得一些名人的答案也许更精彩，于是我们得到了以下回答：

丹尼尔（北约发言人）："我认为1+1得任何数字都是合理的，只要我们需要。如果错了，那一定是我们使用了过期的计算器。"

考克斯（美国国会议员）："什么？！你怎么会知道这个秘密！"然后这位老先生就跑回办公室写报告去了。

1+1的答案是什么？作者运用发散思维，从社会不同的层面、不同的价值取向得出多个不同的答案。

写作过程其实就是一种抽象思维的过程

我们写文章首先要审题,看到题目,先是分析——是独词、是短语、还是句子,每个词语的意义是什么,这样组织在一起表达的意思是什么,这才抓住命题的本质。再者就是取材,我们生活中通过观察、阅读、体验等途径在头脑中积累储备了相当丰厚的材料,究竟取要哪些材料,当然不能随意,当大量的材料出现在脑际之后,要通过分析、比较、归类、抽象、概括等工作,抓住材料的本质完成选材立意、布局谋篇的工作。由此看来,学生写作的过程其实也是一个抽象思维的过程。

什么是抽象思维呢?

抽象思维亦称抽象逻辑思维。它是以概念、判断、推理作为思维的基本方式,以分析、比较、综合、抽象、概括、具体化为思维的基本过程,来揭示事物本质特征和规律性联系的思维活动,人们通过抽象思维能更准确地、广泛地认识客观事物,是科学思维最普遍、最基本的类型。

在作文中,立意的深刻是衡量一篇优秀作文的重要指标。这种要求就是对学生抽象思维能力的考查。要想使文章写得深刻,必须透过现象深入本质。这就需要一个概括的过程,一个由此及彼、由表及里、去粗存真、去伪存真、由个别到一般的思维过程。那么,在作文教学中怎样培养学生的抽象思维能力呢?

培养学生抽象思维的能力,要教会学生抽象思维的方法。抽象思维的方法有:

分析与综合:分析是在头脑中把事物的整体分解成为各个部分,或从整体中区分出个别特性、个别方面;综合是指在头脑中把事物的各个部分或不同特性、不同方面结合起来,了解它们之间的联系。分析与综合是统一思维过程中不可分割的两个方面。分析使我们了解事物的特性或属性,这是综合的基础,而综合则是对分析的各个部分、各个特性的综合,分析为了综合,分析才有意义;综合依赖分析,没有分析就没有综合,只有在分析的基础上进行综合,综合才会更完备。

对事物的分析与综合受一定的目的和任务指引，目的不同，分析与综合着眼点不同。例如，一个花瓶，可以从摆设用品角度去分析，也可以从艺术品、商品、工业用品角度去分析；如果是考古学家挖掘出来的，那就从文物角度去分析。目的、任务不同，对同一事物进行分析与综合会取得不同的结果。

比较就是确定被比较事物的共同点和不同点。有比较才有鉴别，经过比较才知道好与坏、美与丑，才能区分事物的本质属性和非本质属性。意大利的索菲亚·罗兰曾说过这样一段话：当美的青春已过时，我们应对美采取一种看法，因为成熟美和青春美是完全两码事，它要求我们取一种不同的美的途径。所谓青春美是天然的，成熟美则是后天培育的，而且是较为高级的，只要你努力，必定会把成熟美争取到，成熟美比青春美有着更加丰富而复杂的内容。

这里把青春美与成熟美加以对照、比较，突出了成熟美的本质特点，"有着更加丰富的内涵"，从而要求人们去培育、去努力争取。

比较总是与分析、综合相互联系的。如比较两个学生的学习情况时，就从他们那里把学习成绩、学习动机、态度和方法、已有的基础、学习条件等方面划分出来，这就是分析；同时，又将两人有关的方面进行比较，把各种因素结合起来考虑，这也是综合。

比较有性质相同或相反的事物间的对照比较，也有纵向和横向方面的比较，也可以就事物发展的不同阶段或前后变化进行比较等。通过比较使事物的特点更加鲜明突出，使我们的认识更加深刻。写文章才能抓住事物的特征，描写才能细致入微，才能生动传神。

归纳是由个别到一般的思维方法，即从一些特殊性知识的前提推出一个一般性知识结论。《内经·针刺篇》记载这样一个故事：

有一个患头痛的樵夫上山砍柴，一次因不慎碰破了足趾，出了一点血，但头却不痛了。当时他没有注意，后来头痛复发，又偶然碰破原处，头痛又好了，这次引起了注意，以后头痛时，他就有意刺破原处，都有治好头痛的效果。这个樵夫之所以在以后头痛时就想到刺破足趾原处，是他根据自己以往的几次个别经验得出了一个有关碰破足趾能治好头痛的一般性结论的缘故。这里他所运用的方法就是归纳的方法。

演绎是由一般到个别的思维方法，即从一般知识性的前提到特殊性知识的结论。我们写议论文用一般事理作论据来证明一个个别的论点的过程，就是这种方法。

恩格斯指出:"归纳和演绎,正如分析和综合一样,是彼此沿着两个不同方向进行而相互联系着的方法,不应当牺牲一个而把另一个捧到天上去,应当把每一个都用到该用的地方,而要做到这一点,就只有注意它们的相互联系,它们的相互补充。"

总的来说,掌握了抽象思维的方法,不仅有利于指导我们的认知实践,而且也有助于提高我们的写作水平,使我们的写作趋于严谨、趋于完美。

第十讲

用笔不灵看燕舞
教会学生想象和联想

学生的写作过程，从取材立意、布局谋篇到表达方法和语言的运用，各个环节都必须凭借想象和联想的中介作用，才能使写作得以顺利完成。想象和联想贯穿写作的全过程。当代作家王蒙曾说过："没有精神上的自由驰骋就没有文学。"没有想象和联想，就没有情景的再现，学生笔下就不会有任何感性材料，文章就没有血肉，就没有活跃而丰富的情感运动，写出来的文章就不能打动人，不能让读者产生共鸣。

想象，作文创新的不竭之源

想象就是将零散的生活素材、生活经验融进一定的观念、情感进行剪辑、整合，创造出新形象。

郁达夫曾经这样解释想象：想象是"将作者的经验理想、观点等散乱的断片收集起来，加以一道选择。选择之后，可将它们连接成形而造成一种新的境地事像""有了想象，才可以将经验增大、消减、补缀、移易，而连成一串美的、有价值、有趣味的贯珠"。

想象一词在《现代汉语词典》解释是"对于不在眼前的事物想出它的具体形象"。普通心理学把它解释为"人脑对过去感知的事物的表象进行加工、改造而创造出新形象的心理过程"。

这里所说的表象是指头脑中所保留的外界事物的印象。这些印象是人们过去所感知的事物在人的头脑中的形象。表象是想象的基础，没有表象就不可能有想象的产生。

人们借助想象可以创造出并未感知过的事物形象。如没有亲自观赏过庐山瀑布的人，可以通过诗人李白的"日照香炉生紫烟，遥看瀑布挂前川。飞流直下三千尺，疑是银河落九天"的诗句，在头脑中形成庐山瀑布那种气势雄伟、景色壮观的形象。再如郭沫若、姚雪垠凭想象成功地塑造了屈原、李自成等历史人物形象。同时，人们通过想象可以创造出现实生活中不存在和尚未存在的事物形象。如吴承恩的《西游记》，其中描绘的孙悟空、猪八戒，他们都是现实生活中不存在的，他们的形象是作家依据猪和猴子的形象经过筛选、组合、搭配，重新创造出来的新形象。

又如武汉的付洁同学所写的《乔迁之喜》一文：

乔迁之喜

付 洁

我是个特别爱吃螃蟹的姑娘，碰巧我搬迁的城市也叫螃蟹城。

可是，在地图上，你是找不到这个城市。

武汉人多，东京人多，纽约人多，你瞧，逢年过节，武汉街上那可叫人挤人，车挨车，几乎没有立脚之地，不，准确点说，没有立锥之地。世界人口多，房子自然有点紧张，家里来了客人，外婆就开玩笑地对我说："今晚把你'挂'起来，'贴'在墙上睡。"唉，房子太小，搬家吧！搬到那儿，我就可以不"挂"起来睡觉啦！

嘿，我的愿望还实现了！我们家搬了，这可是沾我爸的光。我爸爸调到一个陌生而特大的"螃蟹城"去工作，我也就像孙悟空似的摇身一变，由武汉人变成了"螃蟹城"人。"螃蟹城"在哪呀？在火星附近。怎么到那呀？坐航天飞机上去的。这城怎么有这么个怪名字呀？我……我也说不清楚，不过，这可不能全怪我呀，我刚来还没有几天呢！还得去探究一番。

星期天，我约了刚认识的好朋友安娜和琦琦一起坐太空车美美地兜了一次风，我终于明白了这"螃蟹城"的由来。

原来"螃蟹城"就像螃蟹——有八条腿，还有两个大夹子，当中有一个圆壳壳。这圆壳是城市的中心控制室，什么太阳能发电站、空中医院啦，都由它控制，本领可大哩！那毛乎乎的大夹子，一个是中心研究室，好多叔叔阿姨都在那工作；另一个大夹夹呢，是航空港——螃蟹城的进出口。啊，我想起来了，来时我乘的航天飞机就在这降落。八条腿呢，就是八条街道，住着各国朋友，蓝眼睛的、灰眼睛的、黑眼睛的，在这里都能看到，可有意思了。别看我们住的城叫"螃蟹城",可我们并不像螃蟹那样横行霸道,大家和睦相处、亲如一家。

街道里的房子都是长形的,红黄相间——我最喜欢的颜色。红的像太阳,黄的像土地,漂亮极了。想要造座房子,可不像在地球上那么难,一分钟即可。造我们那样的房子连我都会呢!不吹牛,只要一充气就成了,又宽敞,又舒适。

呀,我还忘了说,我认识好多朋友呢!汤姆、芳芳、舒拉、艾哈迈德、玛利亚、美惠子。安娜是美国小朋友,对我学英语可有好处啦。琦琦呢,"螃蟹城"的老住户,用过去讲法就是"天外客",现在呢,当然不能这样叫了,要不,我也成了"天外客"了。现在喊他"天内邻"——我天上的邻居。我刚来,好多事都不知道,他就争着带我玩,给我讲天上的事。他还救过我的命呢!记得头天来,我脱下上天时穿的那件色彩艳丽、样式新颖的新衣,想换件我原来的睡衣睡觉。刚一脱,呀,怎么像嫦娥吃了升天药似的往上飘?我的心都快要蹦出嗓眼啦,我急得喊都喊不出来,闭着眼。要是像嫦娥一样飘进月宫,离开了爸爸妈妈,还有那么多好朋友,怎么办?哎呀,完了,完了,我永远不能回到他们身边了。我很害怕,啊,怎么刚飞起来身子又往下坠了?我悄悄往下看,琦琦正朝我笑呢,脚一着地,他就拿着那件新衣服叫我赶快穿上。刚一穿上,好奇怪,身子不往上飘了。琦琦大笑着说:"想当嫦娥啦!""这是怎么回事呀?"我奇怪地问。琦琦得意地告诉我:"失重,你懂吗?这衣服就是帮助你站立的,脱了不就失重了?"他眉飞色舞地接着说:"幸亏你没有脱鞋,我把控制上升的按钮按了一下,你才下来的,要不,真成嫦娥了。你看,这衣服又漂亮又轻。"真的,很轻。可我遗憾地自言自语道:"这么漂亮的衣服到冬天就不能再穿了。""冬天能穿啊,它是用特殊原料制成的,穿上它不怕冷,不怕热,而且永远这么漂亮。"琦琦说。

生活在"螃蟹城"多么有趣呀!琦琦还告诉我一个好消息呢,中心研究室的叔叔阿姨打算建造许多的有各种用处的太空室。我真打心眼里高兴,空间使人类解决了许多问题,人们不再为房子发愁了。现在,我想贴在墙上睡还睡不成呢,这次搬家真可谓"乔迁之喜"啊!

我成了"螃蟹城"的姑娘!嘿,真有意思……

文章中所描绘的城市与人物实际上是不存在的,完全是作者在对过去感知的事物表象的基础上凭想象创造出来的。没有想象,作者就写不出这篇独具风格的文章来。

想象可以使人们超越个人经验的狭小范围，充实和丰富自己的主观世界，通过想象我们可以设想别人的处境，理解别人的经验，体验别人的感受，从而丰富自己的主观意识。文学作品之所以有感染力，能使读者引起共鸣，也都是通过想象来实现的。

现实生活中，每一个人的生存和活动空间是有限的，由于时间和空间上的久远使人们对许多事物无法感知，即使有"千眼千脑"，也不能突破直接感知的局限。但是，感知的局限可以由想象得到补充。例如，我们学习地理，可以想象到祖国及世界各地的山川河流、风土人情等特殊风貌；我们没有登上过月球，可以通过宇航员的介绍在头脑中想象出月球表面的形象。

人们凭借想象可以增强对未来行动的预见性，对未来行动作出计划，使人克服行动的盲目性，从而使自己的行动具有目的性、计划性。

想象更是创造的不竭之源。人们凭借飞鸟，想象并创造出飞机；鲁班被丝茅草划破手，想象并创造出锯子；瓦特看到开水顶动水盖，想象并创造出蒸汽机等，离开了想象科学就不会发展，人类社会就永远停留在茹毛饮血的原始时代。同样，离开了想象作家就不能创作出新颖、独特的文学作品。

爱因斯坦认为：想象比知识更重要，因为个人掌握的知识是有限的，而想象概括着世界的一切，推动着社会进步，并且是知识的源泉。可以说一个人的想象力决定了他的创新思维和创新能力。例如，"圆"，不加想象，圆就是"圆"，如若加上想象的翅膀，圆月是圆，圆是发髻，圆是跑道，圆是人生，圆是句号……通过想象，我们可以得出这样一个哲理："人生就像一个圆，一个空心圆，需要我们用生命去填充它""圆的形成是因为点的奉献"等。黑格尔高度赞扬想象时说："对于艺术家来说，最杰出的艺术本领就是想象。"

从以上角度分析，我们认为：写文章要取得成功，就要有丰富的想象。想象愈丰富，文章内容就愈丰满，愈有创意，愈加具有感染力。

想象有再造想象和创造想象之分。

再造想象是根据语言文字的描述，或图表、模型的示意，在头脑中形成相应形象的心理过程。

小学生看图作文，就是要求小学生凭借图画所提供的图形信息材料，在头脑中进行再造想象。再如，建筑工人根据设计的蓝图，在自己的头脑中形成该建筑物的形象；演员根据剧本的文字描述，在头脑中再现出栩栩如生的人物形象；等等。这些都需要凭借再造想象才能实现。在日常生活中，阅读文艺作品，收听电台、广播、听英模报告等也离不开再造想象。我们写作文，写一个人、记一件事，都是凭借主题展开再造想象的结果。

如《游桂林》一文就是借着原课文插图通过再造想象进行练笔的佳作。

看图写画——游桂林

刘夏薇

今天天气晴朗，阳光明媚，天空干净整洁，一尘不染。小明、小红和小丽来到了漓江，高高兴兴地坐上一只小竹筏，来欣赏桂林山水。

小明、小红和小丽悠闲地坐在竹筏上，荡漾在湖中，青山夹着碧水，绿水绕着青山，清澈的湖水倒映着山间的绿树红花、蓝天白云，山水相连，水天一色，还有那远处漂来的竹筏小舟。象鼻子山在漓江上面，是桂林的城徽。在山的下方，有一个洞，是由大象的鼻子和左前腿组成，山的姿态正好像一只大象在河中吸水。游到这里大家仿佛进入了仙境，又像是走进连绵不断的画卷。小丽大声喊："啊！太美啦！"真有点"舟行碧波上，人在画中游"的感受。而小明坐在竹筏前头，遥望着前方的山。这里的山形态万千，有的像老人，有的像仙女，还有的像骆驼，它们独立成势，各有神韵，小明在此深深地陶醉了！小红凝望着江面，漓江的水很清很清，清得能看到水底的鱼虾嬉戏；漓江的水很绿，像嫩叶一样一掐就滴出水来。碧绿的江面在阳光的照耀下，在微风的吹拂下，泛起了鱼鳞般的波纹，好像在江面上撒了一层碎银。

渐渐的天色暗下来，小红和小丽恋恋不舍地离开了桂林，心里还回想着刚刚的美景。

作者借助课文插图，通过再造想象，用简洁、明快的文字，绘声绘色地叙事，栩栩如生地描景，生动形象地再现了课文插图中的情景，使读者有如身临其境的感受。

再如，胡显静同学以《愚公移山》的故事为基础，结合社会现实，进行再造想象，以全新的视角对其中的故事、人物予以加工、演绎、包装，从而对故事的内涵作出独特而传神的诠释，造成一种古今对比、虚实相生的艺术效果。

《愚公移山》故事新编

胡显静

愚公一家世世代代居住在这儿，门口王屋、太行两座大山拦住了去路，日子难过啊！这里好像与世隔绝，城里什么新鲜事到这儿早已变成"旧闻"了，这种生活真的需要改变了。愚公寻思着：得想办法把太行、王屋两座山给搬掉。

这天，愚公找来了老朋友智叟，告诉他想移山的事。智叟听了笑笑，摸着胡子想了想，摇摇头，"愚公啊，你可知道，纵使你子又生孙，孙又生子，子子孙孙一起搬又有何用呢？大山终究是大山，要多少年才能搬走呢？人力、物力是统统投放了，效益呢？不行！"智叟坚决反对说。愚公想想，山不能搬，那该怎么办呢？智叟不愧是智叟，一会儿就想出了一个好主意告诉了愚公。愚公一听连声称好。

回到家，愚公召集家人开了一个会议，会上提出了智叟的办法，全家人听了都觉得十分妙，第二天便各自行动了。原来，智叟建议利用这两座山进行资源开发，引入资金，不但节省了人力，还有经济效益产生，这不是两全其美的好办法吗？怪不得愚公一家都叫妙呢。

随后的几年中，愚公亲自上山进行了资源勘探，查明了山上居然有很多珍稀动物。于是智叟又进城申请成立了自然保护区。愚公的儿子又进城请了工程队，修筑了通往山外的大路，一切准备就绪，你该知道了吧，他们是要开一个天然公园。最后得给它起个名字了，智叟想愚公的知名度很高，不如就叫"愚公园"吧，于是名字就这样定了。智叟又请广告公司帮忙做广告，忙活了一些时日，"愚公园"终于开园了，这回智叟真的是功不可没啊。

城里人听说愚公居然利用王屋、太行开了公园，都觉得很惊讶，都想去看看，到那一看，果然不同凡响，巍巍青山高耸入云，飞禽走兽让你可以随意接近。愚公和智叟亲自迎接游人，与他们合影留念。大山再也不是过去的沉寂样了，城里和山里连到了一起。愚公不禁感叹：其实不移山也真的很好。像现在这样有了大路，有了"愚公园"还怕什么呢？

作者以原有故事为基础，结合社会现实，进行大胆、合理的想象再造，以全新的视角编出新的故事情节，表达出新的意旨，让读者忍俊不禁。

创造想象是指不依据现成的描述，在头脑中独立创造新形象的心理过程。如艺术家在头脑中构思故事情节和典型人物的过程；改革家在头脑中设想新的方案和体制的过程；等等，都是独立创造新形象的过程。

创造想象有以下几种形式：

黏合。这是把现实生活中的具体事物的部分结构、属性、特点加以搬迁和组合，在头脑中创造出一种新的事物形象。如动画中的狮身人面像，人身猴头或猪头的孙悟空、猪八戒，美人鱼，飞马，坦克和船黏合一起设计的水陆两用坦克，将钢琴和风琴的特点黏合一起设计的手风琴，等等，都是黏合性创造想象的产物。我们写文章，如若能巧妙地把不同事物的特点、属性、结构等黏合一起去创造出新的事物形象，那一定是独具特色的好文章。儿童动画中人物形象大多是黏合创造的新形象。

夸张。这是对现实生活中具体事物的某些特点突出夸大，在头脑中创造出某种事物的新形象，以反映人的某种理想和愿望。如庙宇中的大力士、千手千眼佛、九头鸟、千手观音等。我们写文章时用的夸张手法也是一种创造想象。李白的"大鹏一日同风起，扶摇直上九万里""白发三千丈，缘愁似个长""君不见，高堂明镜悲白发，朝如青丝暮成雪"等，都是通过夸张的手法烘托渲染自己的某种情感。

拟人化。这是把人类的特性、特点加在外界事物身上，使之人格化的过程。我们在写文章时经常用到拟人化的手法。如有的学生在文章中常写到，鸟儿在叫个不停，好像是欢迎我们似的；一排排杨柳就像列队的卫兵在等待我们检阅等。

典型化。它是根据一类事物的共同特征创造出新形象的过程。文学作品中的典型环境、典型人物，都是通过典型化的形式创造出来的。如鲁迅笔下的祥林嫂、阿Q等人物都是通过典型化的形式创造出来的。高尔基在谈创作中指出："主人公的性格是他的社会集团中多种不同的人的许多特征构成的，为了能近乎真实地描写一个工人、农民、小商人的肖像，就必须去观察一百个工人、农民、小商人。"鲁迅也曾说过："人物模特儿也一样没有专门用过一个人，往往嘴在浙江，脸在北京，衣服在山西，是一个拼凑起来的角色，典型化使作家创造出来的形象更逼真，更感人。"我们写一个小商人的作文，可以把观察到的许多小商人的言行、衣着等特征拼凑在一起，使之典型化，目的是使商人的形象更加具体，给人一种真实感，以便能引起读者的共鸣。

我们写文章，写人、写景，可以根据文字或他人的描述再造新形象，也可通过创造想象的黏合、夸张、拟人化、典型化等方式创造出人物、环境的新形象等。这样写出来的文章内容新颖、充实、具体、形象、逼真。很难设想一个没有想象力的人能写出独特而富有新意的文章来。

联想，打开学生倾吐积累的闸门

联想，《现代汉语词典》把它解释为"由于某人或某事而想起其他相关的人或事物"。从心理学的角度来看，联想是指由当前感知的事物回忆或联系到与之相关的另一件事。

我们写文章，看到儿童放风筝，会回忆起自己纯真的童年、绚丽的春天、熟悉的故乡和高远的天空；由泥土会联想到故土、故园，进而联想到父母、亲友，也可以联想到庄稼、幼苗、河流……这都是由眼前的事物引发对过去的联想。丰富的联想能使文章内容充实、血肉丰满。

联想是一种心理活动，是人脑思维的基本方式。朱光潜在《谈美·谈文学》中说："意识在活动时就是联想在进行，所以我们差不多时时刻刻都在联想。听到声音知道说话的是谁，见到一个字知道它的意义，都是起于联想。联想是以旧经验诠释新经验，如果没有它，知觉、记忆和想象都不可能发生，因为它们都根据过去的经验。从此可知联想为用之广。"

联想是一种创造思维。面对某一事物，如果我们让联想的触角多方位延伸，让思维的火花穿越时空四处迸散，我们就会收获丰硕的思维果实。正因为如此，联想成为写作构思的重要形式。中国文人历来追求"思接千载""心游万仞""游目骋怀"寄兴万物的创作意态，追求才思如涌、任情挥洒的创作境界，实际上是追求联想思维的活跃性、发散性、顺畅性、丰富性和新颖性。

说到我们中小学生写作文中的联想，实际上就是寻找事物与事物之间的"联系点"。这种联系可以是外部特征和性质上的相类似。如修辞中常用的比喻，"霜叶红于二月花"，议论文中"举一反三"的类比推理，都是联想的结果；可以是时间和空间上的接近。如提及帆船而想到江河湖海，讲到古代浪漫主义诗人想到李白等。

联想的实质就是寻找事物之间的联系点。世界上的任何事物都不是孤立存的，都存在着普遍联系。联想实际上就是从事物之间的联系入手，在事物之间搭起一座沟通的桥梁，它跨越事物之间看似彼此孤立的鸿沟，接通万物，让人们的思维四通八达，进入天马行空、自由往来之境界。

我国老一代语文教育家叶圣陶先生曾说："训练学生写作，必须重视于倾吐他们的积累。"倾吐靠什么？靠联想。众所周知，写作的重要两个方面就在于"容量"和"联想"。其中"容量"是基础，"联想"是关键。只有通过联想才能打开"库存"封闭的大门，及时调动、提取储存在大脑"仓库"中的"材料"，才能"笼天地于形内，挫万物于笔端"。否则，学生只能是对"题"而喟然长叹，头脑中丰富的感性材料就不能升华为妙言佳文。

我国有句古谚"用笔不灵看燕舞，行文无序赏花开"说的就是写文章在"用笔不灵""行文无序"时，联想能帮你打开一片广阔的天地。著名散文学家秦牧曾说："联想的构成，在某一点上如同电路，有了电路，电才能通过。"同样形象地说明了联想在沟通当前事物与已有知识经验的联系在写作中的重要作用。

中小学生作文中值得一提的是写作中知识越宽，对周围事物的认识越深刻，生活经验越丰富，情感就越充沛，联想的羽翼就越丰满，联想腾飞的空间就无限广大。

联想主要有以下形式：

接近联想。两种事物在时间和空间上比较接近，人们依据自己的经验，自然而然地在大脑中形成联系，由此物想到彼物。

台湾作家林文煌在散文《故园情》中写道："有两种声音，像短笛吹出来的家乡的歌谣，经常使他在梦中惊醒，引起了许许多多的乡愁。一种是半夜此起彼伏、啼叫不停的鸡鸣声；一种是深夜从屋前经过、渐行渐远的辘辘车声。这两种声音之所以撩动乡愁，是因为时间上接近引起的联想，半夜时分的鸡叫、深夜时分的辘辘车声，在家乡听惯了，非常熟悉，自然而然地会想起故乡。"

如下文《一条旧裤子》就是作者由时间上的接近引发的联想。

一条旧裤子

肖 晶

"妈，看见我那条裤子了吗？"我收拾东西时，发现我上幼儿园时穿过的那条"特殊"的裤子不翼而飞了，便向妈妈大喊。

"在这儿呢！你的'宝贝'谁敢抢呀！"妈妈说着便把一条洗得发白的旧裤子递过来。看着这条裤子，我就想起了幼儿园里的高洁老师。

那是在幼儿园上大班时的一天下午，其他小朋友都被高老师讲的故事吸引住了。可平时一向爱听故事的我却坐不住了，额头上已满头大汗，这是为什么呢？

唉，也只能怪我这张贪吃的小嘴，中午吃饭我喝了两碗汤。这时，从前面传来一个温和而亲切的声音："晶晶，你怎么了？是不是不舒服呀？"我半天才支支吾吾地说："没事。"话音刚落，只觉得裤子一湿，几滴水顺着腿流了下来。我发现大家的目光都集中在我身上，我的脸一下变得通红，恨不得地面上裂开一条缝让我钻进去。

正当我不知所措时，只见高老师摆摆手，大声说："小朋友们不要笑了，每个人都会有难看的时候，如果现在是你，你又会怎么想呢？"说着向我走来，接着说，"你跟我来吧！"不由分说，便拉着我的手走向卧室。

高老师让我脱下裤子，打来一盆水，让我洗，又拿来一个盆和肥皂要给我洗裤子。我见了害羞地把它藏在身后，可还是被高老师拿去洗了……

每当看到这条裤子，我就想起了高老师。

作者直接睹物思人，由那条旧裤子联想起与之时间上接近的高老师，想起往事，从而引出一段幼儿时的故事。

相似联想是指两种事物在性质和形态上有某些相似或相近，因而由此物联想到彼物。它可以分为形似联想和神似联想两类。

形似联想是由事物外形上的相似而产生的联想。朱自清的《绿》："这平铺着，厚积着的绿，着实可爱。她松松地皱缬着，像少妇拖着的裙幅；她滑滑地明亮着，像涂了'明油'一般；有鸡蛋清那样软，那样嫩；她又不杂些尘滓，宛然一块温润的碧玉，只清清的一色——但你却看不透她！"

文字中从水纹、水光、水质和水色四个方面"皱""明""清""碧"与少妇拖着的裙幅、明油、鸡蛋清、温润的碧玉等存在外形特征上的相似。这种联想就是形似联想。

神似联想是由于事物在精神、品质、气质、情调等方面相似而产生的联想。如郭沫若在《银杏》中，借银杏比喻民族的性格、民族气节，表达了自己对国家民族的热爱，也是银杏与中华民族性格上的相似之处。

对比联想是指当感知某种事物时，引起对与它性质、特点上相反的事物的联想。这种联想主要在于强化对两种事物对立关系的感受和理解。如杜甫的名句"朱门酒肉臭，路有冻死骨"；鲁迅的"横眉冷对千夫指，俯首甘为孺子牛"等；再如，由朱门想到茅舍，由荒漠想到绿洲，由暑热想到清凉，由光明想到黑暗，由热闹想到清净等都是一种强烈的对比。写作过程中要善于运用对比联想，更有利于突出要表现的人物性格特征或主题，使人物形象或主题更加鲜明。

关系联想即由一种事物联想到与其相关的某种联系或者是由事物存在着某种关系，由此物联想到彼物。这种关系可以分为种属关系、因果关系、依存关系等。比如，吃橘子想到种橘子的人、卖橘子的人，想到孩提时发生的与橘子有关的某件事情等；由一叶落而想到天下秋，再想到秋的凄凉、人心的冷寂等。写作文运用关系联想，会使你的选材面更广博，思路更开阔。

如《0.01秒的自述》一文就是作者由关系联想生发的佳作。

0.01秒的自述

刘　懋　张彩云

大家好！我的名字叫0.01秒，用科学记数法表示就是10^{-2}。在千千万万数中，可能大家已经忽略了我，但是你知道吗？我却有着不可估量的作用。

大家一定难忘2004年雅典奥运会上的点点滴滴吧！忘不了田亮在跳水时的飒爽英姿，更忘不了快如离弦之箭的刘翔，刘翔给我们中国创造了奇迹，但是留下了未破记录的遗憾。如果他再快0.01秒，运动史上就会留下他更光辉的脚印。如果我当时去捧捧场，去助他一臂之力，奇迹以及更高的荣誉就会向刘翔招手。现在，你知道我0.01秒的威力了吧！还不信，那请看龙泉外国语实验中学开展的运动会吧！运动员们都摩拳擦掌、跃跃欲试，随着飘飘的彩旗，一声枪响，初一女子组100米决赛开始了，运动员们都奋力向前冲去，那气势如同战士们在战场上厮杀一般，操场上的尘土随着运动员们矫健的步伐漫天飞舞，近了，近了，离终点越来越近了。运动员们都竭尽全力向胜利的方向冲去，一个又一个的身影冲过了终点。咦？为什么她俩一起冲过了终点，而一个人得了第一名，一个人却得了第二名呢？哦，原来第二名仅仅比第一名慢了0.01秒！唉，我真为第二名感到可惜啊，如果我去帮帮忙，第二名也就会添添彩。看来生活还真的少不了我呢！

不知你最近有没有看报纸，一桩桩车祸惨案接二连三地不断发生，一个个生命惨死在车轮底下。0.01秒，就那么0.01秒，就会保留一个个无辜的生命，可这能全怨我吗？不过，在铁证如山的事实下，你们总能承认我0.01秒在生活中的重要性了吧！那就如同那些高楼大厦没有坚固的地基，随时都面临着倒塌的危险。

这就是我0.01秒，就好像不显眼的雷锋，默默无闻地为大家奉献着，既被人们忽略，又很重要。请大家记住我，0.01秒！

作者由0.01秒生发联想，由此想到与其相关的人和相关的事。把0.01秒融入与其相关的人、事中加以介绍，这样就会使读者发觉原来0.01秒离我们的生活是那么的近。

相同联想即由一事物想到另一与此同类的事物。由"团结就是力量"想到"众人拾柴火焰高"，想到"大家一条心，黄土变成金"。再如，杜甫由茅屋被秋风所破想到"安得广厦千万间，大庇天下寒士俱欢颜"等都属于相同联想。

想象和联想存在着一定区别。想象是对过去感知过的事物表象进行加工改造，创造出事物的新形象，是创造思维的一种特殊形式；联想则是由当前感知的事物，回忆或联系到与其相关的另一事物，是回忆的一种表现形式。

想象和联想伴随作文过程的始终

写文章需要构思，从取材、立意、布局谋篇到定稿都离不开想象和联想。艾青曾说过："所有的想象、意境、象征，都是通过想象和联想产生的。"秦牧的散文《土地》的构思就是运用了大量的联想，由一撮泥土联想到许多有关的事例，将它们穿织在丰富的想象之中。

在《土地》这篇散文中，作者开篇就写到：在新的时代，"人们对许许多多的自然景物都产生了新的联想、新的感情"。有人"讴歌"朝阳、松柏、山峰及海洋；有人"赞美"白杨、灯火，但"这里我想谈谈大地，谈谈泥土"。然后作者从不同的背景突显其面对"大地""万里平畴""一把泥土""黑油油的泥土"展开联想的线索："不知道你曾否为土地涌现过许许多多的遐想？想起它的过去，它的未来，想起世世代代的劳动人民要成为土地的主人，怎样的斗争和流血，想起在绵长的历史中，我们的每一块土地上曾经出现的人物和事迹，他们的苦难、愤恨、希望、期待的心情？"在此作者还道出了他那独特的联想方式："有时，望着莽莽苍苍的大地，我骑着思想的野马奔驰到很远很远的地方，然后才收住缰绳，缓步回到眼前灿烂的现实中来。"

接着，作者让"思想的野马"把读者带到2 600多年前的黄土平原，讲述了中国古代帝王在地坛以茅草包土封赠公侯的仪式；太平洋岛屿上的土人反抗殖民主义者，拒绝"跪着把神圣的泥土捧上天灵盖"的投降仪式，因而"成批地被杀戮"的故事。

进而联想到古今一代又一代劳动者热爱土地、为保卫土地抗敌爱国的故事。最后，作者收紧思想的缰绳，满怀激情的议论，与开篇呼应，点出全文的主题：人民是土地的真正主人。

通过以上介绍，我们可以清楚地看到，作者关于土地的联想是多么丰富，流畅！联想的野马跨越时空，上下千万年，纵横千万里。作者思绪所及，顿生万象，犹如五彩之珠，满目滚动，但一经主题的串起，则形散神聚，虽百般闪展腾挪，最终合而为一。

文章的构思过程，不像进行科学计算那样有严格的科学步骤，而是忽而想到这，忽而想到那，或者又要想到这，又要想到那，几经反复，然后才能使自己比较满意地理出个头绪，显示出一个眉目来。所以在这个过程中，联想和想象是很重要的，或者说没有一点想象和联想能力就不可能进行。因为只有通过想象和联想，才能把一堆有关材料和认识编织成一个有机整体。

例如：题目是《他给我留下深刻印象》。

经过审题，显然要写一个人，而且对他印象很深。

所谓印象深，不一定是多么重大的事，也不一定是什么有显赫业绩的大人物，只要是个平常人物就行了。事情是日常的事就可以，但要有点新鲜感和独特性，否则哪来深刻印象。借此，我们可以想象一番：

我想到一个女同学平时特别喜欢音乐，她有空就琢磨钻研。一天在院子里，她把几个花盆倒挂在围墙墙上敲打，是那么投入，仿佛在演奏一曲美妙的乐章。

我想起了我们班的一位男同学，他很喜爱劳动。经常自觉打扫教室、班级卫生区，是他值日，他做得认真；不是他值日他也积极主动地帮助别人打扫。

我又想起我的同桌，他善于宽容别人。有一次，我不小心弄碎了放在桌子上的墨水瓶，溅起的墨水弄脏了他新买的上衣，看到我为此惊呆的样子，他一句埋怨的话也没有说，反而安慰我。

……

日常生活中，那些微不足道的小事，平时有一定的印象，见到这个题目，就自然联想起来。像这样的事，看起来很普通，也许是同学们司空见惯的，会想到很多很多。

当然，只想到这些，还构不成一篇作文材料。我们可以由此再进一步联想、充实，使之更加丰富，这样想下去就很可能构成一篇文章。切忌，不要因为只想到这么一点，而觉得平淡无奇就因此停止。怎样进一步联想呢？

可以想他是个什么样的人？接着可以再进一步想她喜欢音乐，她善于宽容别人，他喜爱劳动等还有哪些事例或表现，等等，这样越联想内容越多。最好还要往深层想一想，他为什么喜爱音乐？他为什么善于宽容别人？他为什么热爱劳动？经过这样一番联想，一篇作文就差不多了吧！

一、人物形象的描绘离不开想象和联想

描绘社会中的人物形象,需要想象和联想的参与。尤其是文学作品中的人物形象,是现实生活中不存在的,需要作者依据现实生活中的各种人物,经过分析、综合、提炼从而创造出具有典型的形象。陆文夫对此深有体会说:"当人物雏形在你头脑中出现时,你便有可能想起许许多多的人和事,使原有的雏形大大地向外扩展。"

例如,我们写《我的母亲》,首先想象出母亲纯朴的农民形象,再由此想到母亲吃苦耐劳、克勤克俭,并由此联想到母亲教育我们要注意节约,"一粥一饭,当思来之不易"等。

二、文章选材同样离不开想象和联想

选材需要我们从事物纵横联系上发掘材料。如朱自清的《荷塘月色》,先由眼前的荷塘联想到从前的事:

忽然想起采莲的事来了,采莲是江南的旧俗,似乎很早就有,而六朝时为盛,从诗里可以约略知道。

于是又记起《西湖曲》里的句子:

采莲南塘秋,莲花过人头;低头弄莲子,莲子清如水。

再如,夏衍写《包身工》,由"看到这种饲养小姑娘的谋利的制度,我不禁想起孩子时看到过的船户养墨鸭捕鱼的事了……

墨鸭整天捕鱼,卖鱼得到的钱却是给了养墨鸭的船户,但是从孩子的眼里看,船户对墨鸭并没有怎样虐待,而现在将这种关系转移到人与人中间,便连一点施与的温情也不存在了。

作者从老板与包身工的关系联想到船户与墨鸭的关系,通过联想深化了文章的主题。

三、写作手法的运用凭借的也是想象和联想

写作中各种手法的运用，诸如比喻、比兴、夸张、拟人、象征等都需要丰富的想象和联想。如民歌中的比兴："满天星星一颗明，十三省挑中你一人。"贾平凹的散文《月迹》中描写月亮："我突然觉得我们有了月亮，那无边无际的天空也是我们的了，那月亮不是按在天空上的印章吗？"以月亮比印章这是一种拟物，表现了作者丰富的想象和联想力。

……

一言蔽之，想象和联想自始至终伴随着我们写作的整个过程，从而使我们的文章主题鲜明、条理清晰、内容充实等。想象和联想是我们写作必备的能力，拥有了想象和联想这把利器，就能为我们的写作砍杀出一条畅通无阻的通道。

教会学生想象和联想

马克思曾把想象力称为"人类高级属性"的一种；波德莱尔把它称为"各种功能的皇后"。但想象和联想能力并不是从天而降的，而是人类长期社会实践的产物，是可以培养和发展的。

一、丰富表象储备——多观察

表象是想象的基础，头脑中积累的表象储备愈多，想象就愈丰富。同时，也愈容易引起联想。

人们对事物的表象即感知过的事物形象，来源于客观现实，来源于我们的社会生活实践，见多识广，阅历广泛，经验丰富就会浮想联翩，这是我们展开联想的条件。相反生活面狭窄的人很难由眼前的事物联想到其他同类、相似、相近、相关的事物。我们写文章拿起笔来没有内容可写，就是因为我们生活太单调、贫乏，所以在学习、生活中，要注意通过多种渠道观察、体验、感受生活。

当然有了对生活的表象积累，也并不意味着就有了丰富的想象和联想力，他还和感受、体验生活的深度有关。

郑板桥写《衙斋听竹图》的诗："衙斋卧听萧萧竹，疑是民间疾苦声。"将竹子发出的声音想象为老百姓发出的痛苦的呼喊，诗句中充满着大胆、奇特的想象。他为什么会有大胆、奇特的想象产生？归根结底是他对竹子的感受和体验特别深刻，头脑中形成的竹子表象特别清晰。假如没有对竹子的细心观察和深刻的内心体验是写不出这样的诗句的。

二、拓宽知识广度——多读书

有的学生写文章为什么能由古联想到今，由此物联想到彼物。这是因为他们头脑中储备了相当丰厚的知识，我们写文章不仅要了解一些简单的天文知识、地理知识，同时还要了解一些哲学、政治、军事、历史等方面的知识，知识面越宽，想象和联想力才可能越开阔。

鲁迅在《读书杂谈》中曾指出："大可以看看各样的书，即使和本业不相干，也要泛览。"高尔基为什么有惊人的想象力？那是因为他十五岁就阅读了俄国、英国、法国许多著名文学大师的作品。这对培养他的想象力、提高写作水平起了非常重要的作用。

同时，有了广博的知识，才能对周围的各种事物进行比较、鉴别，比较、鉴别的过程就会有新的发现，从而产生新的见解，在这样的基础上进行想象，才可能具有新颖、独特性。如果我们的知识贫乏，除了课本知识，还是课本知识。我们写文章就无从想象或使我们的想象和联想趋于简单化、平常化，即使有所想象和联想，可能也是胡思乱想、不合时宜的。由此看来拓宽自己的知识面是培养和发展我们想象和联想能力的必要条件之一。

三、要善于开动脑筋——勤思考

我们都生活在五彩缤纷的社会生活中，周围的事物也是复杂多样的，甚至是千变万化的。如果我们懒于动脑思考，就不会有新的发现，就难以点燃想象之火。郑板桥听到竹子的萧萧声而想象和联想到百姓的疾苦，疑是人民的呐喊声，如果不是他善于开动自己的脑筋去想象，即使听到这种竹声，也是无所想象和无动于衷的。

我们来看一下小高斯的故事吧。

在一次数学课上，老师给大家讲了这样一道数学题：请问将1至100之间的所有自然数相加，和是多少？老师承诺，谁做完这道题，就可以放学回家。

为了尽快回家享受自由而快乐的美好时光，同学们都努力地算起来。有的甚至额头上都渗出汗来，只有小高斯一人静静地坐在那里。他一只手拖着下巴，一只手在无意地玩弄着自己手中的铅笔，他在开动自己的脑筋，去寻找一种可以快速解决问题的办法。

大约过了一个时辰，小高斯举手交答案了。

"老师，这道题的答案是5050。"小高斯很自信地说。

"你可以给出你的方法吗？别人可连一半还没加完呢！"老师吃惊地问。

"当然,你看,99+1=100,98+2=100……这样依次类推到49+51=100时,我们恰好得50个100,然后再加上单个的50和100,但这里50加了两次,所以要减去,最后剩下的就是5050了。"

老师对高斯的回答十分满意,并确信他将来一定会有所作为。后来高斯真的成为知名的数学家。

这则故事告诉我们只要善于开动脑筋,就可以引爆我们的想象,从而找到解决问题的答案。

再如,诗人艾青在《假如》中,却幻想医生打开人的脑盖,"把自私、偏见、愚昧取出来"。如果没有严肃而认真的思考,怎么能想象出这样凝练的诗句来。

四、培养丰富的情感——深体验

心理学研究表明:喜怒哀乐的情感体验会刺激脑皮层引起表象的运动,从而产生想象和联想。情感是想象和联想中最活跃的因素,是启发想象的强烈动力。想象往往是伴随着强烈的情感体验而产生的。

当代作家巴金说:"我写《家》的时候,仿佛跟一些人一样受苦,一同在魔爪下挣扎。我陪着那些可爱的年轻生命欢笑,也陪着他们哀苦。"正是这种情感体验的动力,才使作家以丰富的想象创作出高氏家族栩栩如生的人物形象来。

唐朝大诗人李白在忧闷、惆怅的情绪中,月下独酌,写下了"我歌月徘徊,我舞月凌乱""醒时同交欢,醉后各分散"的诗句,作者情绪体验深刻,思维格外活跃,想象也特别丰富。

如若我们对现实或周围的人及事物熟视无睹,漠不关心,就无从谈起对他们的情感,那么就很难调动他们的想象力,当然也就写不出情真意浓的文章来。

这正如王蒙所说:"你愈是有丰富的生活阅历、崇高的胸怀,你的想象和联想就愈开阔。"丰富的想象和联想是中小学生从事写作的基础。

中小学生作文要求"联想恰当,想象合理",所以学习作文,应该学会想象和联想。想象和联想往往联翩而至。通常的情况下,正是由于联想的桥梁作用,在联想拓展的时空里,想象才能"用精神的经纬织一幅画卷"。联想开垦精神的沃野,想象则在沃野上播种五谷,两者结合就能收获芳香的果实。

五、捕捉不速之客——抓灵感

我们写文章，想问题，经常会遇到写不下去或想不通的地方，自己并没有因此而放弃，而是在头脑中反复酝酿、思考。在这一过程中，有时会突然"顿悟"，也就是对问题的解决出现豁然开朗的现象，这种现象就是我们常说的灵感。

那么什么是灵感？

灵感是指人们从事文学、艺术、科学技术等活动中，由于艰苦学习，长期实践，不断积累经验和知识而突然产生富有创造性的思路。

灵感的突然而至，常常会使人们的写作思路或解决问题的答案在头脑中突然明朗起来。思维活动显得富有成效，整个思维状态出现高度灵活性、丰富性。

灵感又是怎样来的呢？

柴可夫斯基说："灵感是位不速客人，它不爱拜访懒惰者。"列宾也曾说过："灵感是对艰苦劳动的奖赏。"灵感状态总是产生在热烈而顽强地致力于创造性地解决问题的人身上。它是创造者在顽强地、孜孜不倦的创造性劳动中，达到创造力巨大高涨和紧张时所处的心理状态。在这种心理状态的背景下，灵感出现的时刻则可能是紧张时间的小憩，或原形启发，甚至还可能在轻度催眠状态和梦境中。如我国北宋文学家欧阳修曾有"三上"之说，即只能在马上、厕上、枕上三处赋得好诗。

究其实来说，灵感是在人们的潜意识中酝酿而成的。它是人们付出巨大劳动的结晶；是人们的全部精力和高度积极性的集中体现。

灵感虽然带有突然性，但不是轻而易举、灵机一动的产物，而是人们长期艰苦劳动的结晶。正如发明家爱迪生所说："天才就是百分之一的灵感加百分之九十九的汗水。"

灵感常以"顿悟"的形式表现出来，即对解决的问题突然明朗，抓住了解决问题的关键，从而使问题迎刃而解。

郭沫若回忆他在早期诗作中的名篇《地球·我的母亲》创作中说："那天上半天跑到福岗图书馆去看书，突然受到诗兴的袭击，便出了馆，在馆后僻静的石子路上，把'下马犬'脱了，赤着脚踱来踱去，时而又索性倒在路上睡着，想真切地和地球母亲亲昵……在那样的状态中受着诗的激荡、鼓舞，终于见到了它的完成。"由此看来，灵感也是创作活动的重要条件。

灵感突然而至，也会突然消失，我们写文章有时会出现豁然开朗、思路畅通之时，如果不及时捕捉，它就会在我们的头脑中一闪而过，稍纵即逝，因此，我们写文章要善于捕捉头脑中的灵感。

最后，愿同学们放飞自己的想象和联想，写出自己的心声，写出自己的风格，写出独特、新颖、血肉丰满的文章。

第十一讲

风声雨声读书声声声入耳 教会学生倾听

"听"是借助我们的双耳,即听觉器官实现的,它是对声波物理特性的反映。它和我们的双眼一样是我们观察认识世界、获取知识的重要途径之一。

听是"积累"的重要途径

作文教学中,教师指导学生观察,老生常谈的是多看看、多留心周围的事物。而往往忽略"听"即听觉器官耳在观察中的作用。《全日制义务教育语文课程标准(实验稿)》虽提出"语文教学要注意学生倾听能力的培养训练",但作为教师平时又有几人真的注意并做到这一点;不少人一味地注重强化语文基本知识的掌握,常把"听"的能力培养与训练搁置脑后。有的教师说:"抓语文基本知识的强化,一抓就灵验,一抓就抓出个样子,抓出成绩来;而'听'的能力是隐形,一时半会不会有什么起色。"这种观点的存在与我们目前现行的教学评价体系有极大的干系。但愿教育行政主管部门尽快改革教学管理评价体系标准,使我们的教师及早走出这个认识的误区。

上帝造人,给我们两只眼睛、两只耳朵,这是上帝的公平。如果我们只重视"用眼看",而忽略双耳的"听",那就太对不起上帝的造化了。我们要善用我们的眼睛,同时也要善待我们的双耳,给它一个公平的待遇。生活中,我们的双耳就好比一台录音机,帮助我们"录""储"了无限信息,从而使我们认识世界、获取知识、发展能力等。

说起"听",不是简单地听听了事,更不能盲目或充耳不闻;要多听、善听、会听。俗话说:"会说的不如会听的。"意思是说,只有会听,才能真正理解吃透对方意图和表达的思想,才能增强对周围的人和事物的认识和了解。尤其是和有真才实学的人在一起,更要多听、善听,这样可以"听"到他们对某些问题的高谈阔论和真知灼见，所谓"听君一席话，胜读十年书"正是这个道理。

　　注意动用我们的双耳去"听"，不仅可以及时捕捉宝贵的信息，获取诸多的知识，而且可以为我们写作积储丰富的素材。一般情况下，人们说话、议论当然不会都是金玉良言，而是许多平常的、杂乱的甚至庸俗的东西，但对处处留心的人来说往往能在倾听别人谈话中，获得某种宝贵的知识和信息，从而触发自己的思维，产生灵感的火花。郑板桥会听，听到风吹竹子的"声音"，写出了"衙斋卧听萧萧竹，疑是民间疾苦声"的诗句。

听是占有素材的重要渠道

"听"是我们积累语言和占有素材的一个重要的渠道。中小学阶段,学生年龄小,阅读面窄,阅读量少。很多语言(包括词汇和句子)并不是靠课本的学习或阅读中习得的,而是在生活中,在与他人的交往中"听"来的、听会的,并随着时间的推移,逐步积累、丰富起来的。在作文中,我们写一个人、叙一件事等,要占有一定的素材,素材从哪里来?大多也是靠我们的双耳"听"来的。我们来看一篇例文:

怪 事

黄阔灯

一走进家门,妈妈就提着一篮子鸡蛋,脸上带着微笑向我走来:"灯伢子,你回来了,正巧,来,把这篮子鸡蛋给你二婶送去。""给二婶送去?"我用疑问的目光看着满脸充满神秘色彩的妈妈。"怎么啦,净发呆了!快去快回。"我望着转身去的妈妈,思索着,回忆着,思绪又回到了六七年前的日子。

那天,我也是从外面回来,刚踏进屋门,就看见我家与二婶家相邻的鸡窝里端端正正的摆着一个大鸡蛋,我三步并作两步地向鸡窝走去,刚弯下腰,伸手去拾,冷不防从我的背后伸过来一只同样的手。

"这蛋是我家黑母鸡生的。"

"是我家黄母鸡生的!"

"是我家黑母鸡生的!"

"是我家黄母鸡生的!"

"呸,是我的,就是我的!"我扯着喉咙叫着,主要是想让我妈妈听见,好出来帮我,没想到,二婶家的小胖子也嚷了起来,几乎在同时,妈妈和二婶都从里屋走出来,都把手在围裙上擦擦,几乎同时叫了起来:"不要欺负小孩!"

声音还没到，人却到了，两只大手几乎同时捉住两只小手，一个鸡蛋就在四只手中，我和小胖的哭声越来越大，妈与二婶的争吵声越来越高，哭声引起来了一群看热闹的围观者，邻居们都劝说："算了吧，不要吵了。"大约僵持了十几分钟，不知是妈妈看见人群越来越多的缘故，还是想决一雌雄，忽然用力一扯，鸡蛋敬了土地神。从那以后，在院子中央便砌起了一堵无形的墙，我和小胖好似一对小仇人，妈妈和二婶也成了一对"死冤家"……

"怎么，还愣着干啥？"妈妈出来了，看见我还在发呆，便大声叫了一句，把我从回忆中唤醒。我带着一个大大的问号慢慢向二婶家走去，刚到门口，便看见满脸通红的二婶和不知所措的小胖正向门口走来，二婶手里也提着一篮子鸡蛋，我惊讶地喊了一声："妈，二婶来了。""哦。"妈妈赶紧从屋里小跑出来，差点和二婶撞个满怀，两个大人相对，四只眼相望，不知说什么好。还是妈妈打破了沉寂："他二婶，来，屋里坐，哦，你还提这么多鸡蛋干啥？""唉，嫂子，我和小胖向你们道歉来了。""不，那是我的错，悔不该为了那点小事而争翻了天。""哎呀，嫂子你别说了，说得我实在不好意思，其实全怪我。""唉，只怪过去咱们太穷了，日子过得紧，现在好了，改革开放了，我们都富裕了。"我望望二婶，又看看妈妈，心理越发不理解，今天怪了，她们俩怎么这么亲热？这时候，又引来了一大群邻居，都微笑着看着两个正在互相谦让的妯娌，说："真是怪事，平日的冤家今天怎么这般客气了！"

"好了，好了，别争了，依我看，还是互换鸡蛋篮吧。""对，这才是好主意。"邻居微笑着掺合着。两篮子鲜鸡蛋互换后，妈妈和二婶在一起笑了许久，亲亲热热难舍难分。我和小胖也毫不拘束地在一起玩了。

这无形的墙在一片欢声笑语被拆掉来了，大家亲热地聚在一起，整个院子里充满了欢乐。

作者所写"怪事"之材料从何处来？读了这篇文章，我们不难发现，这是作者眼见亲闻的。正是作者耳有亲闻，才占有素材，写起来才真实具体、形象生动。

听是有效的学习

就学生作文来讲,"听"也是有效的学习、内省和借鉴。拿作文评讲看,教师讲评他人的文章,哪个词用得不妥,应该怎么改;哪句话说得不具体,该如何说;文章哪个地方写得好,好在什么地方……我们在听的过程中,可以针对他人作文中存在的问题,主动内省,提醒自己避免类似的错误出现。同时,也会自觉学习、借鉴他人写法上的优点,写自己的文章,把别人写文章的长处学到手。从而积累语言经验,提升自己的写作水平和对语言文字的敏锐感受力。

听是有益的交流

听的过程也是一种很好的交流过程。譬如写作前，老师让我们各自说一说，你准备写什么，怎样写，为什么要这样写。我们就会在你说我听、我讲你听的相互交流中受到启发："哦，他说的那件事情我也经历过，我也可以像他那样写这件事。"沉睡在我们大脑中的生活积累就会被唤醒。古人云："水常无华，相荡而生涟漪；石本无火，相击而发灵光。"灵感就是在这"听"的过程中被激活，智慧的火花在"听"的过程中被点燃。我们自然就会在交流中找到"下锅之米"。

看来，要提高我们"写"的水平，绝不能忽视"听"。学会倾听是提高我们写作水平的重要途径。

教学生学会倾听

倾听是一种能力，也是一种技巧。学会倾听，不仅需要耐心、专注，更要掌握一定的方法。

一、听要听出门道

我国有句俗话："会听的听门道，不会听的听热闹。"意思是说会听的人能从别人的谈话中听出对方的意图，听出问题的关键。我们生活在一个声音的世界里，听别人说话、作报告、演讲等，语言流速快，稍纵即逝，一些内容还没有来得及"消化"，新的内容又"接踵而至"。对此，要做到"声声入耳"，听得全、听得准、听出清晰的眉目来，就必须抓住最能揭示事物特征的关键语句去听。这样才能明白他人讲话的内容。

例如，约瑟夫教授为欢迎江泽民主席到美国哈佛大学访问，发表热情洋溢的讲话，摘要如下：

今天我们看中国，一要看她的进步。改革开放结束了中国的封闭，使12亿人口走出贫困，这是任何一个政府也没有做到的；二要看她的作用。中国在维护世界和平和地区稳定，参与国际事务合作等方面，起到越来越重要的作用；三要看她的未来。下个世纪，中国将成为经济大国，政治体制改革也会有较大的进步；四要看她的困难。这么大的国家，生存压力很大，做事不容易。当然，中国无疑还存在许多问题，但绝不能用什么"围堵""遏制"之类的态度去对待她，而应积极地展开对话。

听这则消息，你自然能听出约瑟夫教授所表达的对中国的客观评价和友好态度。其中，"一要看她的进步""二要看她的作用""三要看她的未来""四要看她的困难"四句话，既有整齐的句型特点，又体现了整段讲话的条理性，听完后，记住一二三四，抓住"进步""作用""未来""困难"这些关键词语，主要内容就牢牢把握了。

二、听的过程要学会思考

听别人讲话，不能只求记住别人说了什么，讲了什么，或者是仅仅为了追求听明白别人讲话的意图是什么，还要求我们在"听"的过程中学会思考，养成边听、边思、边想的习惯，要听有所感、所悟或内省，这样写起来，文章才会有深度。在听后想一想说话人的意图是什么，有什么见解，表达了什么观点；想一想别人的话告诉了我们什么，使我们懂得了什么，有什么感想，有什么教诲和启迪。思考后动笔写一写听后随想或听后感。也可以对他人所讲述的内容或话题，发表一下自己的看法，对他人的思想、观点、见解或主张有什么评价，写一写听后评。不失时机地以听锻炼写，以听促进写，久而久之，我们自然就会听得好，说得妙，写得俏。

下面我们来看篇例文：

听少年犯法制报告有感

叶晶晶

人生会面临许多选择，当你正处于十字路口不知道该何去何从时，你将做出如何抉择？在现实生活中，有许多人不能明辨是非而选错了道路使自己后悔一生，当然尤其是我们青少年。

由于这方面的原因，学校为我们组织了一场法制教育报告，这对于我们来说真可谓意义重大。

我认真地听完了这次报告会的内容，给我的感触很深。做这个报告的是三个正在服刑的少年犯，他们都曾经拥有过美好的青春。报告中，他们用自己的行为现身说法，讲述了自己是如何走上这条不归路的，又是如何后悔与失去自由的无奈和悲哀。

他们用自己事实来警示我们——这些正享受着生活的美好与自由的青少年，要从小树立法律意识，遵纪守法，要学法、懂法、守法，做一个社会上的好公民。同时还告诉我们要慎重交友并无论处于何时何地都不忘父母对我们的恩情，这是三个失去自由的罪犯发自内心的悔恨和醒悟。

听了今天的报告，我认识到未成年人违法犯罪，主要是法律意识淡薄，不懂法，不能明辨是非。要培养未成年人的自觉法律意识，首先应组织未成年人系统学习法律，多形式组织未成年人学习《宪法》《刑法》《刑诉法》和《社会治安处罚条例》等法律条文，在社会行为中自觉地运用法律知识来规范自己的言行，用法律武器与一切违法犯罪的现象作斗争。

小作者在听少年犯法制报告后，生发感想，并发表了自己关于怎样预防青少年犯罪的认识和看法，既加深了对所听内容的领悟，又锻炼了自己的写作能力。我们在今后学习生活中，听报告、讲座或主题班会、演讲会后，也不妨像这位小作者一样，把自己的感受和思考、认识和观点，用笔写一写，写得多了，笔头自然就会顺溜。

三、听的过程要有想象和联想的参与

人们听的过程，就是接受新的信息的过程。通过想象和联想的参与，能及时提取出曾经感知的、保存在记忆中的已有信息，加以改造成新形象的信息组合，既能提高听的效果，又有"温故知新"的乐趣。

例如，某影剧院有一则介绍莎士比亚的著名戏剧《罗米欧与朱丽叶》的户外音频广告信息。或许你对这部戏剧一无所知，但如果你能从信息中听到这么一句话："请您到剧场来，欣赏一下外国的《梁山伯与祝英台》吧！"那么你就会立刻通过想象明白《罗米欧与朱丽叶》这部戏剧的主旨。

这说明通过联想到已有的知识经验，能帮助我们尽快接受新的信息。

再如，我们已经掌握的语文知识，也能帮助我们在"听"的过程中接受新信息。在听"长篇大论"时我们可以通过联想和想象调动文体知识来把握信息。如在听广播、电视新闻中的通讯报道，就可以调动记叙文的文体知识，听的时候注重时间、地点、人物、事件，尤其要把握人物的精神与特点。如果听评论性的专题报告和演讲，就可以调动议论文的文体知识，听的时候要听清论题、论点、分论点、结论等。如果听的是介绍说明性的讲解，就可以调动说明文的文体知识，听准介绍的对象，听懂说明的活动顺序安排、操作步骤、注意事项等。这样通过想象和联想联系已有知识经验，不仅可以比较轻松地接受新信息，而且还能对已有的知识起到积极的巩固和深化作用。

"听力有限，想象无限""没有想象就没有佳作"，听的过程有了想象和联想的参与，能加深我们对听的内容的理解和领会，写起来文章也会更加生动形象、血肉丰满。

阅读下面的例文，或许你能从中感悟到听的过程有想象和联想的参与在写作中的重要作用。

黄河大合唱听后感

忧郁的花朵

艰苦的磨难，压不垮中国人民；残暴的敌人，只能激发起中华民族誓死抗争的英雄气概。"风在吼，马在叫，黄河在咆哮……"震耳欲聋的吼声，滔滔不绝的黄河水声，激起人们心中澎湃的声浪。

音乐渐渐清晰起来，逐渐响亮起来。恍恍惚惚中，黄河滚滚河水仿佛在河道上排排涌来，如千军万马，互相挤着、撞着，推推搡搡，前呼后拥，撞向石壁。排排波浪顷刻间化成堆堆白雪。山是青冷的灰，天是寂寂的蓝，宇宙间仿佛只有这水的存在。只听见"轰——轰——"之声，宛如闷雷滚鸣，每一步都杂着磅礴之势。河水畅畅快快地驰骋着，顿然拢成一束，向岸上隆隆冲去，先跌在石头上，翻个身再跌下去，三跌，四跌……渐渐碎成点，渐渐碎成雾，水珠四溅，"啪哒——啪哒"往下落着。猛浪，仿佛沿着石壁的边缘轰然而下，浑重庄严；好似奔腾咆哮的万匹天马气势汹汹地破云而来，激起一川黄浪；又好比蛟龙出海，腾空而起，卷起一个个旋涡。一切都沉在这朦胧的雨雾之中，"哗——哗——"涛浪狠狠地扎进水中。"怦——怦——"如孙行者问世，响彻云霄。

一个个高昂的爬音，似乎打响了激动人心的旋律。我静静地倾听着这豪迈之乐，突然陷入了沉思：黄河博大宽厚，遇强则抗，死地必生，勇往直前。正像一些人，经历了多少磨难，饱受了多少耻辱，炼就了他们不屈不挠的精神，他们是我们心中永远不朽的太阳——抗日英雄。他们视死如归，不畏强暴，从狼牙山五壮士英勇跳崖到宁死不屈的江姐，从放牛的王小二到勇敢的小兵张嘎，多少中华儿女义无反顾地奔向战场，慷慨杀敌，用热血和生命铸成了中华民族打不烂、压不垮的脊梁。

"保卫黄河！保卫华北！保卫全中国！"再度使我陷入沉思。

文章作者听到合唱和音乐想象到河水滚滚而来的气势，想象到浪涛奔腾咆哮的情景，再由一个个高昂的爬音联想到遇强则抗、死地必生、勇往直前的抗日英雄，联想到狼牙山跳崖的五壮士，联想到了宁死不屈的江姐等。通过联想和想象，使"听"到的歌词内容活化为一幅幅壮丽的画面，生动而鲜活，使读者犹如亲闻其声、亲临其境一般，也使枯燥的文字给人以色彩的世界、悠扬的琴声。假如没有作者大胆的想象和联想的参与，作者的笔下就不会有任何感性材料，写出来的文字就没有声音，没有色彩，就如一幅凌乱的、血肉空无的骨架。

　　叫醒自己的耳朵注意倾听，养成处处留心倾听的习惯，不仅能够帮助我们写，促进写，而且是提高写的重要方法和手段。学会了倾听，你的写作就会走进一个精彩纷呈的世界！世间一切的呐喊、哭泣、欢呼尽在其中！

第十二讲

"语""文"并重 以说练写

叶圣陶说语文是"口头为语，书面为文，文本子语，不可偏指，故合言之"。可见，书面作文的训练是离不开口头作文训练的。作文教学要强化口头作文训练，"语""文"并重，以"说"促"写"，以"口"练"文"，探索作文教学改革的新路。

说话和写文章其实是一码事

我国老一代语文教育家叶圣陶先生说过："作文是用笔说话。"说话和写文章其实就是一码事，它们的目的是一样的，都是为了表达，只是表达的方式不同而已。说话是口头语言，通过我们的发音器官"口"发出语音，表达自己的思想和情感；写文章是书面语言，是用语言文字来表达自己的思想和情感。表达的内容和材料也都是一样的，只是一个用口，一个用笔而已。由此，我们认为作文教学要做到"语""文"并重，以说促写，以口练文。

现实生活中，人们常常对说和写产生诸多误解。有人认为说话容易，写文章难。说话人人都会，而写文章并非人人能写。其实，这是认识的一种误区。说话虽说人人都会，但又有几人真的能"说"。恐怕要找能写文章的作家、诗人以及记者、编辑、通讯员等包括出了名的或不出名的容易，而真正"能说"的却是凤毛麟角。说话虽是口语，它不仅要求随时随地广泛应用，要和各种各样的人打交道，而且，必须是和一定的对象双向交流、直接沟通；要即兴构思，随机应变，一次完成；还需要适当场合，控制情绪，需要适当得体的风度；讲究用词准确，语言流畅……这一系列的特点，必然要求一个人的语言感应能力、思维想象能力、观察能力和自我控制能力等，都要相当机敏灵活，才能做到有效说话、出口成章，具有魅力。

写文章则不同，作为一种语言活动来看，它毕竟可以慢慢思考，从容构思，反复斟酌，多次修改，还可以翻翻笔记，查阅资料，经过多次的尝试努力去完成。而且，写文章也不存在与接受者面对面交流，相互刺激的问题；也不顾及仪表仪容、表情手势、身体姿势与动作等体态风度的表现如何。看来说话也并非我们想象的那么简单。

一、说话要强调发音准确、措词恰当

说话并不能随意，它不仅强调发音准确，也要措词恰当。说话发音不准，会闹出笑话、误会，甚至人命。

有个小伙子去医院看病。一看医生的诊断书上写了个"疝"字，就怀疑得了"癌"症。但他拿不准，问同伴这是什么字？同伴一看大吃一惊，把"疝"字念成"癌"字。小伙子可受不了这惨重的打击，结果跳楼自杀了。

说话给人们的感觉似乎是容易的，其实，任何一个词都不能随便用。说话必须讲究措词恰当、词必达意。

1945年7月26日，敦促日本投降的《波茨坦公告》宣布后，日本天皇明确表示接受《波茨坦公告》提出的投降条件。但因天皇的这个声明还没有送到日本内阁，所以当时的内阁首相铃木在接见记者便说："内阁对《波茨坦公告》持默杀态度。""默杀"在日语里是个多义词，一般有两种解释：一是暂不评论；二是暂不理睬。这两者的含义有很大的差别，而在译成英文时，不幸被译成为不予理睬。这下激怒了"美英苏"。于是，美国飞机向广岛投下了第一颗原子弹，顷刻间，广岛变成一片废墟，约20万人死于这一灾难。接着，美国飞机又在长崎投下了第二颗原子弹。苏联红军8月8日对日宣战……

措词的差错给日本带来了灾难。古人说"一言可以丧邦"，并非是一种夸大。就拿我们错误认为的说话可以"随便"点这句话中的"随便"一词，也不能随便用。

一对青年谈恋爱，男方处处依从女方，不论女方提议逛公园或去商场，他都说"随便"。次数多了，女方认为他是个没有主心骨的"窝囊废"，与他"拜拜"了。显然，"随便"这个词也不能随便乱用，不是使人误解，就是使人为难。

古今中外的作家大都在措辞造句上极为认真，一丝不苟，可是人们往往把这种严细精神看作是"舞文弄墨""妙笔生花"的学问,似乎说话不必如此讲究。其实,写作上的措词,乃至语法上的全部学问,都是以生活中的口语交流为依据的。如老舍在创作时,口中总是念念有词。原来他写文章时,每一个字都念出声来,不仅要意思准确,还要读一读是否顺口,如是听着不顺口就修改,直到满意为止,连"的、了、呢、吗"等虚词也不放过。

二、说话和写文章一样都要抓住主题、明确主旨

正像任何一个行动都会有目的一样,人只要说话也总有一定的目的,说话的目的、意图决定了任何一次谈话都有一个中心意思,这就是主旨。抓住主题、明确主旨,说话时心里就有了准谱儿,就事先搞清楚了准备说什么,如果没有准谱,说话就会信口开河、东拉西扯、杂乱无章,叫人越听越糊涂。许多时候,话题是有的,但有些人常常抓不住主题,围绕中心说话。这样就心中无数,想一点说一点,扯到哪算哪,漫无中心,后语不搭前言,话题越跑越远。即使嘴不停,那也只是声音的连续,毫无价值可言。

例如,有一个国家的总统来我国访问,中国某电视台记者要对他采访,事先约定的主题是:关于两国之间的友好交流。可总统一见到记者,就问了一个奇怪的问题:"你看我像谁?"记者被搞懵了,总统直摇头表示失望:"难道你就看不出,我就像郭靖吗?"总统总是不谈正题,唠来唠去唠了半天金庸武侠小说《射雕英雄传》中的郭靖,记者采访的正题一字没唠着。最后采访结束,记者只好扫兴离开。

这位总统说话远离主题,后来被弹劾下了台。

说话没有主题,抓不住主题,往往会使人听后不知所云,听了生厌,甚至影响自己的形象、前途和命运。

三、说话同样要主次分明、有条理

有一位年轻的妈妈,星期天加班,不得不把孩子一个人留在家里。妈妈临走时反复叮咛:"米饭在锅里,菜在盘子里,吃的时候一定要热一热。天气不好,下雨不要忘记关窗户。你自己在家好好玩别淘气,看好家门,有人敲门千万别开。热饭菜要放点水,别忘了时间烧糊了。关窗户要小心点,别夹了手指头。听见了

吗？还有饭菜一定要热热吃，这些事都要按我说的做，记住了吗？我走了，别出去乱跑。"

妈妈下班回来，发现孩子没有按照她的话去做，就责备孩子不听话。其实，不是孩子不听话，是她没把话说明白。饭菜要热热吃，下雨关窗户，在家好好玩。三件事纠缠不清，啰哩啰嗦，说了个一塌糊涂，这怎能让孩子记住呢？

说话应有一个主次分明、有条理的结构，尤其是一次谈话要说出多项内容，更要如此。多项内容之间要有一个中心和重点，并相互关联，按照一定的主旨和条理进行，这样说话才有活力，才能让人听得明白，让人容易领会。否则，东一榔头西一棒，云天雾地，只能让人厌烦，遇到性格直率的人，免不了送你一句"胡扯"。

四、说话和写文章一样讲究逻辑性

说话不但要有条理性，而且也要像写作一样要有逻辑性。

传说古希腊哲学家苏格拉底（苏）和欧西德（欧）有这样一场对话：

苏：你能举例说明什么是"正"，什么是"不正"吗？

欧：当然可以。

苏：虚伪是"正"还是"不正"？

欧：不正。

苏：偷盗呢？

欧：不正。

苏：侮辱他人呢？

欧：不正。

苏：克敌人而侮辱敌人呢？

欧：正。

苏：诱敌人窃敌物呢？

欧：正。

苏：你刚才说虚伪、偷窃、侮辱他人都是"不正"，现在为什么说是"正"了呢？

欧：刚才是对朋友，现在是对敌人。

苏：假如一位将军见其军队士气颓丧，不能作战，他便欺骗士兵说："救兵将到，勇往直前吧！"因此大获全胜。这是"正"还是"不正"？

欧：正。

苏：小孩子生病不吃药。母亲骗他说："药味很甜。"孩子吃了药，性命得救，这是"正"还是"不正"？

欧：正。

苏：你的朋友因患精神病，准备了一把刀自杀，你把刀偷去。这是"正"还是"不正"？

欧：正。

苏：你说不正只可对敌人，不可对朋友，为什么现在又对朋友了呢？

欧：我……回答不了。

欧西德为什么不能自圆其说了呢，是因为交谈中没有注意到明确的前提，把握潜在的语义和逻辑。看来说话不讲逻辑的说法是大错特错了。

又如，一位车站值勤民警看到栏杆上挂着猪肠，喊叫起来："谁的肠子？……"一位姑娘红着脸走过来说："别喊了，东西是我的。""你怎么把自己的肠子挂在栏杆上？影响市容，罚款！"姑娘反唇相讥："你这人是怎么讲话的？这是猪肠，你肚子里长猪肠子吗？你语言不文明更应罚款！"围观者哄堂大笑。这位民警好心办坏事，不能不说是说话不讲逻辑造成的失误。

说话不讲逻辑往往会给自己制造麻烦或使听者误解其意，但也不能正确表达自己的意图。写文章没有逻辑性，前后内容就会出现不连贯，甚至自相矛盾，不能准确表达自己的观点和主张。

五、说话和写文章都要语言简洁、朴素

说话和写文章的第一要素就是要做到语言朴素、简洁。我们不能只在写文章时才想到这一点。话说得简洁、朴素也是一种语言美。我们平日里要把话说好，首先要把话说得简洁，这就要从口语净化做起，克服说话不干净的坏毛病。

说话要说得有"色香味"，才能体现出语言的表达之美。绝不允许肮脏和多余的东西混杂其中。有人说话总爱说"他妈的""奶奶的"，常把粗话、不堪入耳的话挂在嘴边，别人会说你嘴臭，避而远之。废话、口头禅和多余的零碎话，尽管

不像脏话那样难听，但也会使人听了厌烦和大倒胃口，这些被称为口语中的"恶性肿瘤"必须根除。另外不必要的客套话也是使人厌烦的陈词滥调，最好不说。一个人说话只要做到通顺、文雅、得体、干净利索，才能在这个基础上增添光彩和情趣，具有"色香味"。

1991年11月，中国大陆电影的"金鸡奖"与"百花奖"在北京同时揭晓。李雪健因为主演《焦裕禄》的主角，而同时获得这两项大奖的"最佳男主角"奖。李雪健在颁奖致辞时说："苦和累都让一个好人——焦裕禄受了，名和利都让一个傻小子——李雪健得了。"他的话音刚落全场掌声雷动，这简洁、明快、幽默、朴素的语言，既歌颂了焦裕禄的高尚品质，又表达了自己受之有愧的心情，给人留下美好而深刻的印象。

话要说得简洁朴素，并不是简单肤浅。而是要求以最经济的词语输送尽可能多的信息，而且要内涵丰富。我们说话简洁朴素是要求没有任何不相干的东西或不必要的附加物。正像写文章一样要求没有废话、多余的话。如恩格斯所说："言简意赅的句子，一经了解，就常常记住，变成口语，而这是冗长的论述绝对做不到的。"

如恩格斯在《马克思墓前的讲话》中讲到：

3月14日下午两点三刻，当代伟大的思想家停止了思想，他一个人留在屋里总共不过两分钟，等我们再进去的时候，便发现他在安乐椅上安静地睡着了——但已经永远地睡着了。

话说得简单朴素，却内涵丰富，耐人寻味。

六、说话和写文章一样要语言生动形象

说话和写作一样，要求语言生动形象。形象化的语言可以把抽象、深奥的东西变得具体可感、浅显易懂。为了深入浅出地说明问题，人们经常用"打比方""作比喻"等之类的手法，形象地叙事说理，使人容易接受并得到启示。在这方面毛泽东可谓是形象说理的语言大师。他用"星星之火，可以燎原"来说明革命力量由小到大的必然趋势；用"夺取全国的胜利，这只是万里长征走完的第一步"的比喻来说明开创新中国的道路艰巨而漫长……

我们说话用形象化的语言，可以给人形象逼真的具体视象，从而打动人的心弦。同时也可以直接作用人的各种感觉，使人如身临其境、如闻其声、如见其人、如睹其物。如毛泽东在《反对党八股》的演讲中有这样一句话："简直是老鸭声调，却偏向人民群众哇哇地叫。"

七、说话一样讲究内容要有新意

心理学研究表明：人脑接受刺激引起的兴奋点要不断地转移变化，否则就会由兴奋状态转入抑制状态，并因此产生厌倦疲乏之感。老生重谈、老生常谈，往往使人听了厌烦，听着昏昏欲睡。说话的内容没有新意谁都不愿意听，即使看似别人在听，那也是充耳不闻。

说话的内容要有新意是指表达的观点、见解、主张、思想以及要讲的事理、陈述的事情等，要新颖独特，不能人云亦云。

有位企业家参加一个会议，主持人请他讲话，他婉言谢绝了。理由是一时讲不出新的见解，与其重复别人的话，不如少说，最好不说。这叫作少说"普通话"。

我们主张少说"普通话"，并不是别人说过的话题就不必再说，而是老调可以重谈，但要谈出新声，老声可以长谈，但要谈出新意。不能重复别人的观点和主张，要换个角度或深度挖掘，找出新内容。

口语化的文字能写出流传千古的佳作

口语化就是我们所说的大白话。有人认为：用口语化的语言文字写出来的文章太俗气。那就先看看我们的大作家老舍在指导青少年写作时是怎样说的："有人学习写作文拿起笔就害怕，他以为写作一向是文人的事，写起来必须多要笔调。要是光写大白话，一定让人看不起。于是他就皱起眉头，本来要写'今天天气很好'，却怕不够味，想来想去，写成了'满心兴奋的我觉得今天天气是无比伟大的'。本来用像说话一样的口头语言就能简单明了地表达出来的内容，反而因追求'够味'倒不像话了。"

老舍先生还曾说："沉住气不要怕，写大白话就好。大白话是咱嘴里的语言啊！不要从别人的文章里去搜集漂亮的字眼来装饰自己的文字，那样一不留神，反而弄得词不达意了。我们都会说话，就让我们说自己的话吧，说得明白、正确比乱用一些修辞好，说得简单有力比说得啰嗦好。简单明了的文字是最好的文字。不要怕自己掌握的词汇少，写出来的文字不雅，我们要用自己的话明白地写出文章来，真话、明白话比什么都朴实。""我们的窍门是要凭我们自己的语言写出干干净净的文章来。"这些论述多么精辟！

我们闲暇时可以翻阅一下老舍、朱自清、茅盾、鲁迅等这些文学大家的作品，无不是凭借我们嘴里的大白话写出的传世佳作。大作家尚且如此，何况我们一介学生呢！

其实，我们写文章的全部学问都是以口语表达为依据的，说与写是一对好兄弟，两者不分家。由此，我们认为：有好口才，就有好文才。这也正体现了快乐作文教学法创始人储晋老师的那句话：嘴头练顺了，笔头也顺溜了。

纵观一些老一代革命家和大文豪，他们往往既能讲又能写，在这方面正是我们的榜样。列宁靠他那非凡的演讲才能，将革命的思想迅速传播于俄国大地，发动了一次又一次的革命运动。但他那一支笔也同样厉害，即使被敌人关在监狱里，他都能避开敌人的监视，写出一篇篇指导革命的好文章。毛泽东做起报告，引经据典、妙趣横生，语言质朴，下至不识字的农民，上到干部、知识分子、工商业者等都能心悦诚服，极具号召力。他的著作更具指导性、思想性、文学性，是我们中学生学习写议论文的经典范文。鲁迅的文笔更不用评说，但他的演讲当年也同样受到全社会的欢迎，在北大、北师大等高校，先生的演讲激励了一代青年，坚定同恶势力作斗争。朱自清是个性格内向的清高文人，但他口才极好。尤其是作文教学，让学生用我口写我心，怎样说就怎样写，轻轻松松，自自若若地进入写作境界。这样的例子举不胜举。

故此，我们中小学生要想提高写的水平，就必须注重和加强口头语言的表达能力培养和训练。

教会学生掌握口语训练的方法

以说促写，以说练写，说写结合，这是对学生进行作文训练的一种行之有效的教学法，也是我国传统作文教学的瑰宝。教学中教会学生掌握口语训练的方法，学生作文就会出现意想不到的效果。常见的口语训练方法有：

一、复述

复述就是把读过的、听过的语言材料重新叙述一遍。这是在记忆和理解的基础上，对读过的、听过的语言材料进行加工和整理，根据不同的要求，或周密详细地叙述，或简略概括地叙述，或变换人称叙述，甚至可以略加想象，丰富一些细节内容来叙述。

（一）复述要根据文体的不同，侧重点要有所不同

复述以记叙性为主的材料，要着重讲清时间、地点、人物和事件的起因、经过、结果。复述以议论性为主的材料，要突出论点、论据、论证思路和结论。复述以说明性为主的材料，要抓住事物或事理的主要特征，要注重说明的顺序、说明的方法和遣词造句的准确性。

（二）复述要明确主旨，抓住重点，主次分明，详略得当

复述过程中，要围绕主旨安排材料，对文章中最能揭示、突出主题的重点材料，从详复述，次要部分可以从略复述。做到这些必须事先对文章有深入的理解，才能在复述中抓主弃次。

复述要抓住关键语句，善于抓住在材料中起着衔接过渡、承上启下、提示下文、总结上文的关键性语句。在复述时，可以利用这些句子来连接各部分内容，达到条理清楚的要求。

复述不仅在训练学生口语表达能力方面有十分重要的作用，而且对学生作文也有潜移默化的影响。以训练学生口语为主的复述类型有：

1. 详细复述——是按照原材料的顺序结构，将其内容原原本本、详详细细地叙述出来

如试读《父亲》这篇短文后作详细复述。

父 亲

小群是个苦孩子，生下来就双目失明，母亲生小群的时候由于突发心脏病去世了。当小群懂事后便知道自己没有别的孩子享受五彩缤纷世界的福气，但是，小群也非常热爱这个世界，因为小群有个细心的父亲，父亲是小群的眼睛。

很小的时候父亲让小群触摸柔软的凉凉的东西，说："这是水，可以流动，长江、黄河和大海都是这样的水组成的，水多了便浩荡奔腾，可以发出震耳欲聋的声音。"后来小群真的由父亲和父亲的一位朋友带到海边去玩，父亲竟然教会了小群游泳。

父亲是要在失明的儿子的心灵中，重安一双明亮的眼睛。

难度最大的是向小群解说颜色。小群生下来就是一个黑暗的世界，怎么让他理解世界的五光十色呢？比方给他讲红色：太阳就是红色的，它发光，能把黑暗变成白昼；它发热，在寒冷的冬天也能把人晒暖和。

"我懂了，"小群说，"红色让人感到光亮和温暖！"

"不对！"父亲细致地解释，"血也是红色的，但它不会发出光来！人血是温热的，鱼血却是冷的，但鱼血也是红色的。红色并不总同光和热联系在一起。"

小群困惑起来。

父亲再作耐心的解释："发热发光的是太阳，而不是红色；只是太阳能发热发光，同时又是红色的。红色只不过是有视力的人看到的一种颜色。"

经过这样的循循善诱，小群才逐渐有所领悟。

虽然父亲也这样反复地给小群讲天空的蓝色、大地的黄色、作物的绿色等，但小群却对同光和热有点联系的红色情有独钟。

渐渐地，小群觉得世界不再陌生且美丽迷人，懂得世界上有许多用不着便能感觉的事情。可是有一次，小群真生父亲的气了。

那次，小群让父亲买了个红色的米老鼠书包，当书包买回来小群背着上学的时候，一个阿姨很无意地对小群说："小群这个绿书包真漂亮！"小群回家便对父亲喊："爸爸，我让你给我买红书包，您怎么给我买绿书包？您知道我看不见便骗

我!"说着小群哭了。

父亲听了,半天没有吱声,过了好一会才为小群擦眼泪,说:"爸爸对不起你,小群……那天我买书包时售货员说只剩下这一个米老鼠的书包,所以绿色的也买下了……小群,爸爸是爱你的。"小群感到爸爸用他那慈爱的大手抚摸着自己的脸庞和头发,小群就在那一刻理解了爱!

时光就这样慢慢流过,小群读书的成绩越来越好。当小群学会了按摩与心理咨询,能够自食其力的时候,父亲却突发脑溢血去世了。父亲匆匆离去让小群痛不欲生,小群想,今后谁还能做自己的眼睛呢,活着还有什么意思!

然而,在父亲追悼会的时候,小群听到了一句话,这句话犹如红太阳的光芒照亮了小群的一生。原来,他的父亲也是个盲人。

(上海市第12届中学生作文竞赛口试材料)

详细复述这则材料,除按照复述的要求外,应遵循材料的时间顺序:小群的出生—小群很小的时候—小群上学念书—小群自食其力—父亲去世。

2. 概要复述——概要复述类似写作中的描写,它是对原材料的一种再创造的说话活动

概要复述要求不改变原材料的中心意思、基本结构和顺序,用自己的话简明扼要地表达原材料的要点。简而言之,就是要求做到:总体把握,理清线索,抓住中心,保留主干,舍去枝节,既反映全貌,又缩减篇幅。

例如,看了小沉香劈山救母的《宝莲灯》后,对故事情节作如此概要复述:

天宫中的三圣母爱上了人间书生刘彦昌。为了爱情,三圣母不顾二郎神的反对,带着宝莲灯私奔下凡与刘彦昌相会,7年过去了,他们的孩子小沉香渐渐长大。二郎神为了维护天规,抓走了小沉香,逼着三圣母交出宝莲灯。无奈之中,三圣母只得把宝莲灯交出,并被二郎神压在华山底下。小沉香在同为人质的部落头人的女儿嘎妹的帮助下,机智地夺回宝莲灯,逃出天宫,踏上了寻母之路。年幼的沉香在经历了种种艰难之后,终于成长为一个英勇少年。他在孙悟空的点拨下,带着小猴和白龙马直奔华山,在嘎妹和部落人民的帮助下,举起神斧,与二郎神决一死战。激战中,宝莲灯突然发出金光,直射进沉香的体内,宝莲灯和沉香合二为一,终于把二郎神打败。沉香劈开华山,救出母亲,母子终于团圆。

这样的叙述，主干清晰，脉络分明，对原材料把握准确，既忠于原材料，又要言不烦。

变换人称复述是指复述形式上的改变，类似于作文的改写。它有助于锻炼理解能力，培养对同一事物从不同的角度进行表述的能力。变换人称一般有两种：一是把第一人称改为第三人称；二是把第三人称改为第一人称，这样复述可以给人以亲切感。

3. 模仿复述

模仿复述是人类学习各种技能的入门途径。通过模仿接受示范信息，再经反复练习，提高自己的口语表达意识和能力。如选择精彩的演讲、朗诵等，反复听，做到"耳听口跟"等。

4. 口头评述

看了某故事片或电视剧、阅读了某篇文章、听了报告或演讲等作口头评述。发表自己的观点和看法，达到锻炼的目的。

即兴发言又称即兴讲话，是指在特定的场合中，在事先无准备的情况下，就某个问题发表见解、提出主张或表达某种情感、某种愿望。即兴发言要临场即兴快速构思抓住"选题和定格"两个关键。定格就是给即兴发言一个框架，选题的角度要小不宜大，小则内容便于集中，要语言简洁、含蓄而抒情。

例如，1993年8月，中国运动员在第四届世界田径锦标赛中一举夺得女子800米、1 500米、3 000米和10 000米的金牌，震撼了世界体坛，教练马俊仁即兴回答记者的问话就非常简洁得体、幽默含蓄。

外国记者问："3 000米比赛结束后，中国三名队员为何显得不十分高兴？是否担心赛后药检过不了关？"

马俊仁答："东方人有东方人表达胜利的方式，我们的中国女孩比较含蓄。说实在的，在途中跑时，别的国家的选手5次包抄我们，打乱了我们的计划和节奏。三名队员没有显得十分高兴，为的是打破世界记录……如果有人硬要中伤中国队员服用禁药，我会送他一颗葡萄吃的。"

马俊仁的即兴讲话巧妙地引用了"狐狸吃不到葡萄说葡萄是酸的"之意，使话语含蓄、机智、生动。发言中能引用一些名言警句、历史典故等，往往会收到词约意丰、事半功倍的效果。

二、主题班会

通过主题班会，让学生抓住每次班会的不同主题，即兴发言，发表自己对"主题"的见解和主张，有意识地培养学生的口语表达能力。

三、口头作文

在命题作文提供以后，要求学生经过短时间构思，用口头语言连贯完整地表达作文的训练形式。在训练口才的同时，对学生内部语言的组织、思维的条理化、语词的编码能力等都是很好的锻炼。

第十三讲

勤于动笔 精于修改
练就妙笔生花的功夫

文章非天成，妙手靠练笔，文贵于精，精在于练。清朝唐彪在《读书作文谱》一书中说："谚云读书十篇不如作一篇""多读乃藉人之工夫，多做乃切实求己工夫。"中小学生要提高写作技能，只有勤写多练，坚持不懈，才会练就妙笔生花的功夫。

文章是学生自己写会的

心理学研究表明：任何人任何能力的形成都不是与生俱来的，都是通过后天反复不断地练习而习得的。这就是能力形成的规律。在能力的培养方面，古人很早就有"拳不离手，曲不离口"的说法，意思是讲要掌握某种技能技巧，必须坚持不懈的练习。写文章也是如此，勤写苦练，熟能生巧。就好比人们学习游泳，只在陆地上空谈技巧是不行的，必须亲自下水去练习，去实践，练的次数多了，不但掌握了游泳的基本技能，还能游出不同的花样来。写作同样需要实践的磨砺和时间的浸泡。正因如此，赞可夫忠告初学写作的同学："写、写、写，写到指头断为止，三天打鱼两天晒网，永远写不出名堂。"

著名作家巴金曾说："只有写，你才真正会写，文章是写出来的。"巴金老爷爷的这句话明确告诉我们：作文的本领不是教师课堂上教会的，而是学生自己写会的，只有写才能真正会写。任何高明的教师不可能让学生在每周两节的作文课上练出妙笔生花的功夫。

我们学习写文章，要经历从不会写到能写，再到得心应手，随意驾驭语言文字的这样一个过程。就像学习游泳的起初阶段可能会"呛水"，不要因怕"呛水"就产生畏难情绪，就停留在岸上，不去下水，这样我们永远也学不会游泳。学习写文章的道理也是一样的，不要因为写不好或不会写，就搁下笔不写，不去练习。

人活在世上，做什么事都不是一帆风顺的，总要经历风雨、困难挫折，如果被风雨阻隔，被困难吓倒，那什么事也做不好。学写文章，起初困难总是有的，面对困难要说声"我能行"。不管写文章如何艰辛，向着未来不断进取，相信你会有出手成篇的一天。

美国的职业篮球联赛（NBA）中，夏洛特黄蜂队曾有一位身高仅1.60米的运动员博格斯，他是NBA史上最矮的球星。博格斯这么矮，怎么能在巨人如林的篮球场上竞技，并且跻身大名鼎鼎的NBA球星之列呢？这是因为博格斯敢于挑战困难。

博格斯从小就喜欢篮球，可是因为个子长得矮小，伙伴们瞧不起他。有一天，他很伤心地问妈妈："妈妈我还能长高吗？"妈妈安慰他说："你能长高，长得很高很高，会成为人人都知道的大明星。"从此，长高的梦想像天上的云在他的心里飘动着，每时每刻都在闪烁着希望的火花。

"业余球星"的生活即将结束，博格斯面临更为严峻的考验——1.60米的身高能打好职业赛吗？

博格斯横下一条心，要靠1.60米的身高闯天下。别人说我矮，我便要证明矮个子也能做大事情。

后来，博格斯进入了夏洛特黄蜂队，在他的一份技术分析表上写着：投篮命中率50/100、罚球命中率90/100……

博格斯曾与夏洛特黄蜂队接连签定七个赛季的合同，最后一次一签就是5年，总薪水750万美元。他曾多次被评为该队最佳球星。

这位矮个子球星曾说，他要写一本传记，主要想告诉人们：敢于挑战困难者才会成功。

每个人都祈求自己将来能有所作为，但是最终只有敢于面对困难、战胜困难的人，才会有幸到达成功的彼岸。没有面对困难的勇气，我们的伟大领袖毛泽东就不可能说出"新中国的胜利，这是万里长征刚刚走完的第一步"这样的豪言壮语，就不可能展现"到中流击水，浪遏飞舟"的豪迈气概；就没有罗斯福以残疾的身躯带领美国人民走出"经济大萧条"的阴影……

"宝剑锋从磨砺出，梅花香自苦寒来。"写文章的进步可能不是立竿见影的事，或稍许的投入就有回报，而需要恒心、意志和毅力。司马迁狱中写《史记》，莫泊桑30岁写《羊脂球》，齐白石40岁才表现出绘画的才能，达尔文50岁写《物种起源》，摩尔根60岁发表遗传基因理论，等等。大凡成功者无一不是经过艰苦的磨砺历程。

我们从零开始，磨砺自己的写作，或许收获更多。

有这样一个故事：

上帝把1、2、3、4、5、6、7、8、9、0十个数摆出来，让面前的十个人去取并说道："一个人只能取一个。"人们争先恐后地涌上前去，把9、8、7、6、5、4、3都抢走了。

取到2和1都说自己的运气不好，得到的很少很少。可是有人心甘情愿地取走0。

别人说他傻，拿走0有什么用？

别人笑他痴，0是什么也没有，要它干啥？

这个人说："从0开始嘛！"说完便一声不发，埋头苦干起来。他获得1，有0便成10；他获得5，有0便成50。他一心一意地努力着，一步一步向前进。

他把0放在他获得的数字后面，便10倍、10倍地增加，他终于成为最富有、最成功的人。

他成功了，因为他的恒心、意志和毅力。

渴望写文章有所进步的同学们，请从"0"开始吧！只要有行动，多练笔，肯定有收获。

我想起小时候学习骑自行车的事来：小时候和我年龄相仿的孩子都会骑车，有的特别能骑，还骑出不同的花样来。起初我是羡慕的，可羡慕有什么用呢？临渊羡鱼不如退而结网。我相信，别人能做到的，我也一定能行。于是，就找来了一辆除了框架就是两个破轮子的旧自行车，反复练习，其间多次车倒人翻，有时会摔得很惨，甚至身上挂了彩，但是那时痛也快乐着，最后终于达到了随心驾驭、得心应手的境地。写作文也是一样，每位学生都有写好作文的愿望，关键是如何让他们肯写、乐写、勤写，练出妙笔生花的本领？

一、把写作练习视为一件快乐的事情

写作的过程其实就是一种快乐的体验过程。在表情达意的作文中，我们可以放飞自己的心灵，自由歌唱自己的快乐生活，在作文里，写自己想写的事物，写自己愿意写的事情，自由宣泄自己喜怒哀乐的情感；可以对它哭，对它笑，对它诉说心事，对它畅想未来；想怎样写就怎样写，心里想什么笔下写什么……使自己的情感在作文里淋漓尽致挥洒和释放，内心世界得以真实呈现。这样一篇文章的问世，犹如一次美妙的分娩，痛也快乐。心中有了这样的情致，学生就不会再感到作文是件枯燥无味的苦差事。

二、要多管齐下

快乐练笔的方式有多种：平时，小朋友们都喜爱玩游戏，你可以引导他们把游戏的过程、游戏活动的场面写出来，在玩中学写；生活中学生从成人、电视节目或书籍里，听到、看到、读到很多生动感人的故事，你可以让他们把耳闻的故事用笔记下来，也可以由此生想，为故事写续篇；学生在课外读了一篇文章，可以教他们反复琢磨作者写作上的特点，试着仿写，学习别人写文章的方法，体验成功作文的快乐，也可以由此生发感想，写一写读后的感想和心得，或者对此进行缩写、改写、扩写；学生生活在一个五彩缤纷的世界里，每天都有自己的见闻、感受和亲历，可以让他们天天动动手中的小笔头，用日记的形式记一记……久而久之，你作文的本领自然就会练到家。

2013年12月，我在哈尔滨参加了一个国培学习班，学习期间，结识了哈尔滨香坊区教师进修学校的杨修宝老师，他在教学实践中探索出的专题日记教学法，就是一套行之有效的教会学生练笔的好方法。

"专题日记"就是每周一到周五，每天一个固定的专题练笔形式，学生根据这个专题，组织材料来写日记。

周一童话专题，创编童话故事；

周二同学专题，介绍一名同班同学写出他的特点；

周三读书专题，写读后感和读书笔记；

周四家庭专题，写家庭中发生的一件值得记的事；

周五学校专题，写学校发生的有意思的有意义的事。

学生的写作能力在周一到周五的轮回专题日记练习中不知不觉地得到提升。

三、有话则长，无话则短

平时练笔，不要顾虑作文篇幅的长短，不要以为自己的作文篇幅短，怕别人见笑，就不敢写，不去练笔。其实，这是一种认识上的误区。好的文章并不在于内容的长短，而在于是否用自己的话写出一个真实的自我，是否写出自己的真情实感。自己生活中有所见闻，有所感受，有所亲历，有话可说，就多写点，甚至长篇大论。而无话可说时，则可以少说两句，甚至可以写一句话。鲁迅先生习惯写日记，也不乏一句话形式的日记。如"我今天到内山书店领到两元钱"。虽是一句话，但时间、地点、人物、事件四要素俱全，像这样四要素俱全的句子每天坚持练练同样会对写作水平提高有帮助。

四、要持之以恒

干什么事都不能三天打鱼，两天晒网，只有坚持不懈、持之以恒才能取得成功。大家或许听说过"铁杵磨绣针，功到自然成"这个成语故事吧。李白小时候贪玩成性，不习诗书。一日，河边玩耍，看到一老妪用铁杵磨绣针而深受教育，从而勤于诗书，研习文章，最终成为一代诗仙。只要勤于练笔、持之以恒，小学生一定会成为小作家的。

我相信，每个学生都想拥有妙笔生花的本领，那就不妨让他们从现在开始行动起来，多写多练。行动就有收获，坚持就有奇迹。

好文章是改出来的

古人作诗作文就有"文章不厌百回改"之说。我们初学习作，作文中遣词造句、说话行文难免有不妥之处，如写错了字，用错了词，落了字，漏了标点符号以及句子有语病，等等，修而改之，文章的字词、句子、内容和形式才会臻于完美。人们常说："好文章是改出来的。"作文的修改，犹如河蚌用自己的心血培育出珍珠一样，只有反复用心打磨，才能成为一篇精美的文章。

文章的写作过程就像生产加工某种工艺品，需要按一定的工序进行。修改是文章的最后一道不可回避的工序，就像制作陶瓷过程中的上釉，只有"上釉"的作文，才显得精美而充满光泽。清代著名学者唐彪谈及文章修改时曾说："作文如攻玉，今日攻石一层，而玉微见；明日再攻去一层，而玉更见；再攻而不已，石尽而玉全出矣。"这一生动形象地比喻道出了修改与作文的关系，并明确告诉我们，只有反复修改，打磨除尽作文之"沙石"，方能见如玉之美文。"文不厌改"就是这个道理。

文章写完初稿，在修改上花点时间，下点功夫，好比女子粉饰、画眉、涂口红等修饰一样，就是为了突出表达的效果。关于修改文章的好处，作家刘厚明曾把它归结为两点：第一，文章经过认真地修改，毛病减少了，能更好地发挥教育人、感染人的作用。即使写作经验丰富的作家，也不能一落笔就十全十美，一个字也不改动，何况少年朋友们呢？经过修改，不妥当、不完善的地方减少了，文章就提高了一步。第二，修改文章的过程就是提高作文能力的过程。发现了文章的毛病，以后作文就可以少犯些毛病，亲手纠正自己文章的毛病，是锻炼写作能力的好办法。

我们平时说话或写文章，不要以为不小心用错了一个字或不恰当的词无关紧要而疏忽大意，其实一字之差所表达的意思就大不一样。著名剧作家写文章、说话很讲究用词。有一天阎老突然心脏病复发，家人急忙大喊："快！快去喊医生！"

阎老听了这话,赶紧从病榻上坐起,说了声:"错了,错了,是请,不是喊!"话刚说完,老人家就昏迷了过去。著名球星姚明在说话、用词上也是一个很讲究的人。有一次,他刚打完NBA联赛,有记者采访问:"姚明,你什么时候回美国啊?"姚明当即纠正说:"不是回,而是去。"看来我们写文章切不能写完就算了事,要认真加以修改,即便是一个字,也不能放过,这样才能更好地突出表达的效果。

纵观古今中外,大凡文章写得好的人,大都是在修改上下过功夫的。曹雪芹写《红楼梦》"披阅十载,增删五次";马克思写《资本论》,从草稿到定稿,经过多次修改,第二卷前一部分的原稿,现在保存下来的就有八种之多;美国作家海明威写《老人与海》的手稿,反复读了两百遍后才定稿付印;杨朔写《雪浪花》仅三千字的篇幅,修改了二百多处……大作家写文章尚且如此,何况我们初学习作的学生呢?怪不得鲁迅先生告诫我们:"写完后至少看两遍,竭力将可有可无的字、词、句、段删去,毫不可惜。"

"美文多从改中来",好的文章是改出来的,就连大作家写文章也不可能是一锤定音,也要经过多次反复的推敲、斟酌和修改。拿鲁迅先生来说,他曾写的一篇七千字的文章,竟改动一百四五十处。看看,我们以前写作文是什么样子?写完作文连看都不看,草草收兵,不做修改,交上作业就算了事。想想这是多么的不应该啊!我想,我们所有的学生都有写好作文的良好愿望,那就不妨在完成初稿后,多读几遍,去发现作文中存在的问题,并拿起手中的笔,认真修改,直到自己满意为止。

我们写好初稿的文章,不可能十全十美,总有存在毛病的地方。怎样去发现呢?

一是念。

叶圣陶说:"做完文章念一遍是个好办法。"它不但可以发现通篇是否上口和一些疏忽的地方,也可以发现不通顺、不连贯的句子,还可以发现别、错、多、漏的字等。写完文章要多念几遍,要念出声,发现错误的地方,及时纠正,直到文从字顺、具体明白为止。著名作家老舍修改文章,口里总是念念有词,发现拗口的地方就改,就连"吗、呢、啊"等语气词也不放过,直到口头顺溜了才感觉满意。他在指导青少年写作时曾说:"一个东西写完了,一定要念、再念、再念,看念得顺不顺口……"看来念不失为我们发现问题的好办法。

二是想。

文章初稿写完后,要放下笔来想一想,想想文章结构安排是否合理,选材是否符合表达主题的需要等,发现问题立即修改。

三是互改。

用"他山之石以攻玉"——同桌或小组之间相互修改。换句话来说,也就是让别的同学帮助你挑毛病。自己作文上的缺点,有时自己难以发现,请别人帮助修改,也是发现文章缺点、获得理想修改的有效方法。

山不厌高,文不厌改,好文章是改出来的,多次反复的修改,会让你的文章锦上添花。

第十四讲

拨开作文教学的迷雾

"文必有章"是学生作文路上的"绊脚石"

作文难、难作文，这是我国小学语文教学界自白话文运动至今久治不愈的"顽疾"。对此，教师束手无策，家长无可奈何，专家学者无能为力。诸多一线教师和专家对此进行大量有益的研究和探索，志在开出一剂治愈中小学生作文难"顽疾"的良药，但最终只能"头痛医头，脚痛医脚"，治标不治本，没能从根本上治愈作文难的"顽症"。

一、作文难，难在教师的盲目拔高上

在多数语文老师眼里，作文就是写文章。认为文章，文章，文必有章，写文章一定要有一定的章法技巧。有了这样的理解和认识，在作文课上，就按照不同文体写作技术层面上的要求去指导学生作文，给学生头头是道地讲，记人的文章应该这样写，叙事的作文应该那样写……日复一日、年复一年重复着昨天的故事。教师费心，学生遭罪，不见效果。

二、这样教，看似合乎情理，其实是事与愿违的

俗话说："没有规矩不成方圆。"写文章不讲究章法技巧，自然难以成文。但是，对于初学写作的小学生来说，就好比幼儿学习走路。起初，孩子在扶栏学步时，都是主动、积极、不怕摔跤的。绊倒了，摔疼了，哭一阵子，站起来从头再来。没有成人这样、那样的条条框框的要求，也没有因孩子一时不会走，走不好的抱怨、批评、指责。在家长的耐心搀扶、鼓励下，很快就学会了独立行走。

假如，在孩子学步的阶段，就让他们按照一定的规范、标准、姿势学走步，要求他们走出优雅的姿态和花样来，步调稍有不规范，动辄就语言伤害。这样，孩子因畏难倒反而不敢学步了。学生初学作文，道理一样，在学生作文扶栏学步阶段，孩子们无一不是抱着好奇的心态去接近它，幻想着作文能像游戏一样给他

们带来学习和生活的快乐。可是，孩子们的这份好奇，这份热情和主动，却被扼杀在摇篮里。小学生刚接触作文，教师就用技术的条条框框去规范他们的行文，去捆绑、限制他们的手脚，无端平添学生的畏难情绪。这样，最终导致学生视作文为畏途，怕写、拒写甚至厌恶写。

众所周知，蝴蝶是由蛹蜕变而来的，当蝴蝶还在蛹的阶段时，我们就要求它长出美丽的翅膀，像蝴蝶那样翩翩起舞。这样的要求大家不感觉荒诞可笑吗？

三、"文必有章"是学生起步作文的"绊脚石"

对于初学作文的小学生来说，技术层面的传授和指导，就是盲目拔高、技术技巧对于学生来说就是捆绑，就是限制，就是给学生戴上技术的"镣铐""枷锁"，让他们痛着去作文。"文必有章"的教学观点和做法其实就是学生作文的"拦路虎"和"绊脚石"。